名师名校名校长

凝聚名师共识
回应名师关怀
打造名师品牌
培育名师群体

顾明远题

甘肃省泾川一中王渭宁陇原名师工作室成果

笔耕录

王渭宁 / 著

吉林文史出版社

图书在版编目（CIP）数据

笔耕录 / 王渭宁著. — 长春：吉林文史出版社，
2022.9
ISBN 978-7-5472-8882-5

Ⅰ. ①笔… Ⅱ. ①王… Ⅲ. ①教育学—文集 Ⅳ.
①G40-53

中国版本图书馆CIP数据核字（2022）第177998号

笔耕录
BI GENG LU

著　　者：王渭宁
责任编辑：戚　晔
封面设计：言之凿
出版发行：吉林文史出版社有限责任公司
电　　话：0431-81629369
地　　址：长春市福祉大路5788号
邮　　编：130117
网　　址：www.jlws.com.cn
印　　刷：北京政采印刷服务有限公司
开　　本：170mm×240mm　1/16
印　　张：14.25
字　　数：257千字
版 印 次：2022年9月第1版　2022年9月第1次印刷
书　　号：ISBN 978-7-5472-8882-5
定　　价：58.00元

序 言
PREFACE

　　《笔耕录》精准地诠释了"科研兴教"的教育理念，浸透了王渭宁老师从教三十多年的心血和汗水，见证了一位一线教师始终不渝的执着与追求，也凝聚了为人师者的智慧与幸福。苏联教育家苏霍姆林斯基说过："如果你想让教师的劳动能够给教师带来乐趣，使上课不至于变成一种单调乏味的义务，那你就应当引导每一位教师走上从事研究这条幸福的道路上来。"从这个意义上看，充满睿智与灵性的《笔耕录》平实地记录了王渭宁老师从教路上的认真与执着，艺术而生动地体现了王渭宁老师一路走来的追求与幸福。

　　作为一名教师，王渭宁老师长期工作在教学一线，秉承传道授业之责，倡导"基于核心素养教学"的课堂理念，践行"以问题为导向，培植理性思维"的教学策略，达成"培根铸魂，促进学生全面发展"的育人归宿。本着"授之以鱼，不如授之以渔"的宗旨，坚持用教师的行为方式改变学生的学习状态。

　　他，不仅教学生学习知识，而且让学生在学习过程中学会学习、享受学习、学会做人。

　　他，善于分析学生的特点，尊重学生的个体差异，采用灵活多样的教学方法，积极营造一种平等和谐、活跃有序的课堂氛围，力求让每一个学生都能有所收获。

　　作为一名教育管理者，他从最基层的班主任工作到年级组长，再到校级领导，一步一个脚印，积累了丰富的教育教学管理经验。敏于行，躬于行，诚其意，正其心，修其身。凝心聚力、和衷共济，带出一支优秀的年级组团队，在十多年的高考中屡创佳绩，为泾川县教育屡获殊荣。

　　作为分管教学工作的副校长，他定期组织教师学习新的教学理论及关注新的教改动态，经常与其他学校的学科组联合开展教学研讨活动，借陇原名

1

师工作室平台构建专业共同体。他根据自身教学实践，对青年教师在教学中存在的问题对症下药，通过听课、评课、磨课、说课、讲座、指导论文撰写、课题研究、分享读书心得等方式进行思想引领，帮助青年教师成长，促进他们的专业发展。通过这样的方式培养了一批名师，打造了一支一流的教师队伍。

事实证明：学校可持续发展的关键就是教师专业的发展，教师专业的发展是学校核心竞争力最集中的体现。泾川县第一中学要在新形势下砥砺前行，谋求更高、更远的发展，不仅要在教师专业发展方面予以制度上的支持，还离不开各位老师对自己的教育教学工作进行不断的思考、研究、总结和反思，更应该以王渭宁副校长为榜样，通过撰写论文进行理论提升。

无论是对教育灵魂的叩问，还是对课堂教学的研讨，《笔耕录》都可以为我们提供一个全新的视野；无论是对过去的反思，还是对未来的展望，《笔耕录》都可以给予我们睿智的引领。聚沙成塔，集腋成裘，拥有什么样的追求，就有什么样的高度。《笔耕录》不但蕴含作者工作上的热度、数学学科上的深度、教育教学上的高度，还为教师专业发展开辟出一条新路。"苔花如米小，也学牡丹开"，笔耕的铧尖必将开拓一个崭新的未来！

是为序。

泾川县第一中学校长　李晓华

2022 年 3 月 1 日

目 录
CONTENTS

理 论 篇

教 学 篇

高 考 篇

育 人 篇

感 悟 篇

理 论 篇

教育是滋养万物的甘霖，润物无声，以默默的浇灌催放万千桃李；教育是唤醒生命的仁爱，手捧丹心，以无悔的付出成就岳峰万仞。

选择了教育，就是选择了一种使命，栉风沐雨，热血铸就；选择了教育，就是选择了一种崇高，红烛千秋，忠诚清风。

爱心照亮旅途，德馨花开万重，这是生命对生命的启迪。

读书修身，善取源头活水；勤勉于学，万里行路不止。在教育中成长，在教育中成熟，在教育中书写自己无悔的人生……

师德，教育之灵魂

教师的职业道德，简称"师德"，它是教师和一切教育工作者在从事教育活动中必须遵守的道德规范和行为准则，以及与之相适应的道德观念、道德情操和品质。著名教育家李镇西说："我的教育不为领导，不为职称，不为荣誉，只为我的乐趣本身。"教育要不唯利，只唯教；不为虚，只为实。师德是教育的灵魂，知识是身体，能力是翅膀。教师无小德，处处是模范，因此，教师提高专业素养应把师德放在第一位。

一、师之德，源于仁爱

1. 广施爱心，用爱点亮学生，用爱照亮自己

一名教师如果有理想信念，有道德情操，有扎实知识，有仁爱之心，就会赢得学生的尊重、社会的认可。孟子曰："仁者爱人。"何谓"仁"？即关爱他人。2005 年拍摄的一部电影《霍元甲》，电影所传达的主旨就是：我们强大不是因为暴力，而是源于心中有爱。用爱点亮学生，照亮的不仅是学生，还有我们自己。在生活中，每个人都需要得到爱，也需要付出爱。懂得爱学生，才能得到学生的爱；懂得爱世界，才能得到世界的爱。

高尔基说："谁爱孩子，孩子就爱谁，只有爱孩子的人才可以教育孩子。"学校为谁而存在？教师要时刻把学生装在心中，赏识每个学生，关注每个学生，用爱开启学生心智，用自己的情滋润学生心田。最后落实到教育中，就是一句话、一个动作、一个眼神也可能改变学生一生。

2. 关心学生，尊重学生人格，唤醒学生心灵的正能量

能让学生铭记一生的或许只是教师关心他的事，而不是老师渊博的学识，教师的成就是退出教坛后仍有学生想着你、念着你。只有关心学生生活，真

诚相待，尊重学生，学生才会向你敞开心扉，你才能走进他们的内心世界。相信每朵鲜花都有盛开的理由，野百合也有春天，谁的青春不怒放？对待学生要有责任心、耐心和细心，做他们健康成长的指导者和引路人，这是我们教师义不容辞的责任。

教育取决于"唤醒"学生心灵的正能量。"硬灌""强压"不是方式，"循循善诱，因势利导"才是育人之道。建立敬畏、理性、尊重、欣赏的师生关系是当前我们的主要任务。

敬畏——敬的是求真、人格、学养、真心、真爱、真情；畏的是高要求、严管理。

理性——教育是告知，不是灌输；是疏导，不是强制；是提醒，不是管制。

尊重——亲其师，信其道。学生尊重教师是从知识和品格上尊重，教师对待学生更多的是从爱和关怀中付出。

欣赏——学生欣赏的是教师高尚的情操和渊博的知识，教师欣赏的是自己的"优秀作品"：学生的成就。

3. 不忘初心，执着信念，坚守职业素养

教师要有职业素养、职业精神。就如同篮球运动员要把篮球投进篮筐，赢得比赛、足球运动员要把足球踢进球门，争取胜利一样。为了做到这点就必须刻苦训练，顽强拼搏。教育者要不忘初心，以积极的心态面对教师这个职业，少一点儿怨言，坚守职业素养。

二、师之德，显于人格

陶行知说："学高为师，身正为范。"作为教师要为学生树立榜样，以身作则，自己要具备以下优秀品质：勤学、博识、诚信、果敢、严谨、正直、自信、阳光。要出淤泥而不染，濯清涟而不妖。美其道而慎其行，以自己的人格魅力影响学生，让学生欣赏自己，我们的教育才会创造奇迹。

师德的直接表现就是教师的人格魅力。教师的人格魅力不仅影响着学生个体的成长，还能促进良好班风地形成，增强班级凝聚力。电视剧《亮剑》给我的启示：一个团队需要灵魂，而这个灵魂来自领导者的人格魅力。而教师也要有这样的人格魅力。这就是有的教师不论教什么学生，教哪个班级、年级，同学们都喜欢听他上课、学得特别好的原因。同时，名师还要有独特的教学气质、教学方式、教学魅力，只有这样才能赢得学生的喜爱。

三、师之德，华于气质

人的长相分为身体长相和精神长相（气质），这是一个人素养的两个方面。

领导的个性决定团队的作风。一所好的学校就是一个爱学习、有思想的专家型校长带领一批爱研究、有情怀的教师引领学生认真学习的学校。校长的作风决定学校的发展方向，教师的作风和能力决定着一个学校育人的高度，这种高度是教师的精神长相对学生潜移默化的结果，也是教学效果最大化的体现。

气质是每个人相对稳定的个性特点和风格气度。它酝酿于内而发于外，更缘于后天培养。每种职业的人都具有不同的气质，教学气质是指教师在教育教学中对学生施加影响时所展现的气度和教学风格。教师的学识、智慧、道德、态度、品格、思想、精神等素养一定会通过其言行举止和神态情绪表现出来，这就是教师的教学气质。

1. 教学气质影响师生间的交往

教师与学生间的交往是一种教育，也是一门艺术。面对一个气质高贵的教师，学生对他崇拜仰慕，会进行朋友式的交往。这样不仅使教师的课有感染力和影响力，而且会对学生产生润物无声的教育效果。

2. 教学气质影响教师的教学效果

在教学中常常会面临这样的问题：课程相同、教学计划相同、教学目标相同，但是最后出来的效果却有很大的差异。为什么有的教师的课学生不喜欢听，有的教师的课学生喜欢听？这不仅仅是教师的专业知识和教学能力的影响，更重要的一点往往是被我们忽视了的教学气质。知识是有生命的，甚至是有温度的，冷冰冰的知识是没有吸引力的。教师要想通过知识来温暖人、陶冶人、感染人就不能没有气质，不能不讲气质。教师气质对学生学习的影响是相对稳定而持久的，良好的教学气质会让学生感到教师睿智、有学问、有才华、有修养，从心底里佩服你、喜欢你、敬重你，他们会以欣赏的眼光来听课，这样一来你的教学效果能不好吗？

3. 教学气质是学科核心素养的必然要求

教育部《关于全面深化课程改革，落实立德树人根本任务的意见》指出：核心素养是学生应具备的适应终身发展和社会发展需要的必备品格和关键能力。关键能力——阅读能力、思考能力和表达能力；必备品格——自律（自制）、尊重（公德）、认真（责任）。学科核心素养是核心素养在特定学科（或学习领域）的具体表现，是学生学习一门学科之后形成的具有学科特点的必备品格和关键能力，是学科育人价值的体现。我们的教学使学生获得的不只是学科具体的知识内容，更多的是个人的必备品格和关键能力。现在课堂不再只是知识的课堂，而是指向人的全面发展，应该是有生命、有情感的。课堂教学直指核心素养——品格是做人的根基，是一个人的软实力；能力是做事的根基，是一个人的硬实力。核心素养使课堂改革有了方向，真正体现了育人的人本性和目标性。有的老师会说这样的课堂改革会弱化教育质量，我想这才是对教育规律最大化的体现，是提高质量的有力保证，因为核心素养为人的终身发展奠定基础，最终使学生走向人生的辉煌。

从心理学角度讲，品格包括品质和性格。一个人只有形成良好的性格和气质才称得上有素养的人。孔子一生以"毋意、毋必、毋固、毋我"要求自己。"毋意"是做事不能主观臆断，要以事实为根据；"毋必"是做事不要绝对，一分为二看待问题；"毋固"是不能拘泥固执；"毋我"是不要自以为是。素养是一个人的精神财富，决定着一个人的高度和深度，决定着一个人的生活品质和品位，能让一个人活得有意义、有价值、有尊严、有境界。

品质，是一种使命，也是一种追求。有责任感的人，会在内心形成一种驱动力，直到实现自己的价值，实现人生的追求。教师的品质，可以使学生有责任感，有助于他们在未来成为一个正直、有骨气的人。

四、师之德，成于修养

1. 师德承载着教师的素养

上课、课堂、教学、课程，使命是传承并发展人类文化的方式。文化，本身是神圣的，传承、发展文化更是神圣的。传承要有责任感和高尚品质，认认真真地对待每一堂课，扎扎实实地上好每一堂课，这种责任折射出的是师者的使命感。课堂上让学生通过学习知识增长智慧、激发理想、滋养心灵，发展优秀品格，学会做人；挺起民族的脊梁，担起关心社会的责任，这种使命激发出的是学生对文化的尊重、自豪感，使学生自信和自觉。

2. 真正的教学是"育人"不是"教书"

有的课堂教师讲得津津有味而学生却无动于衷，究其原因是教师的眼中只有学科成绩和教学任务，却忽略了学生的感受。傅树京教授说，教育的真谛是应该让学生成为有价值感和快乐的人。作为教师，应该想各种办法，使学生的生命得以涵养、心灵得以净化、情感得以陶冶、智慧得以启发、价值观得以形成。师德是课堂教学无形的课程资源，它影响学生良好习惯的形成和个性品质的发展和提升。教育从来不会点石成金，而是一段春风化雨、润物无声的过程。因此，教师的个人形象、气质、行为、习惯、能力等对学生核心素养的形成至关重要。教育往简单来说，就是培养学生养成良好的行为习惯和学习习惯的过程，也是教师的道德观念、道德情操和品质对学生行为举止和人格言传身教、潜移默化的结果。

3. 教学的点点滴滴沉淀着教师的专业素养

课堂教学不应该只看教学行为、教学策略、教学模式、教学设计等问题，同时应该被看作生命的成长过程和人与人的相互影响。把教学提升到生命层次，使教学过程成为生命被激活、被发现、被欣赏、被丰富、被尊重的过程，成为生命自我发展、自我成长、自我超越、自我升华的过程，这是生命教学的宗旨和目的。在这样的课堂中，学生能够无所顾忌地发表自己的见解，不用担心被讥讽、被指责、被批评；学生能积极主动地参与自我探究、小组合作和分享交流，不会感到紧张、自卑、孤独；学生感到师生、生生关系的和谐，不会有任何沟通交流上的心理障碍；学生真切感受到学习的乐趣和生命的意义，没有痛苦感和乏味感；学生敢于尝试、不怕失败，在竞争面前不逃避。

说到专业素养，规范的教学行为尤为重要；我们需要避免教学的随意化。

做人有德，做事能成。教师高尚的品德正如和风之于春日、阳光之于寒冬，它是教育的灵魂，是人类灵魂中的美丽景色。赠人玫瑰，手有余香。斯特凡·克莱因说："快乐和幸福不能靠外来的物质和虚荣，而要靠自己内心的高贵和正直。"师德是付出，是给予，是善良，这是教师灵魂固有的一种感情。当拥有这种感情，我们的教育才会本性使然，不带一点儿功利色彩，达到至善的一种境界。

班级管理要注意的八个关键词

班主任对班级而言，是学生积极向上、健康成长的设计者，是班级的管理者；一个良好的班集体对科任教师而言，是提高课堂教学效率的基石，更是提高教育教学质量的保证。无论是班主任还是科任教师都是班级管理的践行者，因此，一个优秀的班主任能让学生终身受益，影响其一生；一名善于管理的教师会让学生永远铭记着你。那么，如何成为一名受学生和家长欢迎的班主任呢？新形势下有哪些值得我们借鉴的班级管理的策略和方法呢？下面谈八个关键词：睿智、说理、关爱、包容、激励、榜样、尊重、惩戒。

一、睿智——教师之底气

睿智是一种能力，是一种境界，是一种气质。智商做事，情商做人。面对日益发达的信息时代，学生维权意识浓厚，家长期望美好教育的愿望愈加强烈。这些给我们的班级管理带来了极大的挑战，这种挑战就要靠智慧去面对和解决。

1. 善于分析

学生陈述事实经过时，教师不要急于训斥、呵责，而是让他正视你，把话说完。在倾听的过程中，观察学生表情变化，寻找语言表述之间的矛盾，再对其陈述的事实进行分析、推断。这样你的谈话就会有理有据、言之有理。特别是对爱撒谎的学生来说，就会陷入你设置的"陷阱"之中，"不打自招"，谎言不攻自破。

2. 攻心为上

《孙子兵法·谋攻篇》曰："上兵伐谋，其次伐交，其次伐兵，其下攻城。"上等的用兵策略是以智谋取胜，其次是以外交手段挫敌，再次是出动军队攻敌取胜，最下策才是攻城。裴松之注引《襄阳记》："用兵之道，攻心为上，攻城为下；心战为上，兵战为下。"这里的"伐谋""攻心"通俗地讲，就是谋略。你批评学生后他还感激你、敬重你，对你心悦诚服，这就是管理的艺术。

做学生的思想教育工作要靠智慧，不能单纯"训斥"。智慧源于何处——读书。西汉文学家刘向曰："书犹药也，善读之可以医愚。"凡大智慧者无不博览群书，博学多才。

二、说理——教育之王道

俗话说：理不清，道不明，理者，正道也。班主任无论要求学生做什么，都要注重一个"理"字，告诉他们为什么要这样做？为什么那样做是错误的？这样做有什么影响？当学生明白了做一件事的道理，我们的教育就会"春风化雨，润物无声"，甚至你处理问题的一些方法不当，学生也会原谅你，你会得到学生的理解。

说理就是摆事实，讲道理。怎样说理最具有说服力呢？一是用数字说话；二是用事例佐证；三是引经据典。

三、关爱——教育之本色

夏丏尊说："教育之没有情感、没有爱，如同池塘没有水一样。没有水，就不称其为池塘，没有爱就没有教育。"爱是化解矛盾的润滑剂，关心学生才能赢得学生的理解和尊重。从关爱学生的角度出发，教育就变得简单了。

教师的爱是滴滴甘露，即使枯萎的心灵也能被复苏；教师的爱是融融春风，即使冰冻了的感情也能被消融。教师要时刻把学生装在心中，赏识每个学生，关注每个学生，用自己的爱心开启学生心智，用自己的情滋润学生心田。

孔子曰："爱之，能勿劳乎？"其含义是爱他，能不叫他劳困吗？朱熹在《四书集注》中引苏轼的话说，苏氏曰："爱而勿劳，禽犊之爱也。""爱而知劳之，则其为爱也深矣。"那么对于班主任而言，什么才是对学生的真爱呢？一是爱护学生的人格，不要在公众场合批评学生，批评时不讽刺、不挖苦、不骂脏话；二是关心学生的生活；三是关心学生的家庭，帮学生解决一些力所能及的困难；四是进行学法指导，帮助学生提高成绩；五是为学生疏导心理，排解压力，开展心理健康教育；六是爱学生而让其经劳苦、受挫折。

四、包容——教师之修养

1. 包容缺点

人总是优点、缺点并存，在指出别人不对的时候，看看自己是不是做正确了。宽容待人就是在心里接纳别人、理解别人，在接受别人长处时，也要接受别人的短处——包容别人的不足是一个人心胸宽广的表现。一个胸襟宽广的人才能不被狭隘偏见所限制，才能认识生活的真正价值。只有能包容学生的缺点，才能最大限度地发挥他们的优点，我们的教育才能"柳暗花明"。

2. 允许犯错

无论何人，都会犯错。因为人有七情，不免会来点狂喜、来点暴怒、来点悲伤、来点逸乐，其中"狂则伤人，暴则辱人，悲则厌人，乐则伤志"等过失也就可能发生。面对犯错误的学生，不要过于苛刻，要从他们的角度出发想一想，特别是处于叛逆期的青少年，难免会出现这样那样的问题，我们要以理解之心、包容之心去看待。我们要做的是帮助他们认识错误、改正错误，不断进步。没有理想化的学生，学生更不可能千人一面，对学生要宽严适度，可实行一班"两制"，甚至"三制"。

3. 不可求全责备

缺乏宽恕，求全责备的教育会失去尺度。三国诸葛亮足智多谋，唯独待人"察之密，待之严"，要求人皆完人。魏延长于计谋，但诸葛亮不容他"不肯人下"的缺点，始终用而不信；刘封本是一员猛将，但诸葛亮认为其"刚勇难制"，劝刘备因其上庸之败而趁机除之；马谡原是一位善谋而不善战的人，诸葛亮在祁山之战先是对他用之不当，丢失街亭后将其斩首。正因为如此，最终导致临终前将少才寡，后蜀时代无人可用。

五、激励——教育之良策

分享两个故事：

故事之一：

一位囚犯在信中这样写道：小时候，有一次过圣诞节，妈妈拿来几个苹果，大小各不相同。我第一眼就看见中间那个又红又大的苹果，而且非常想要得到它。这时，妈妈却把苹果放在桌上，问我和弟弟约翰：你们想要哪一个？我刚想说自己想要那个大苹果，这时约翰却抢先说出了我想说的话。妈妈听了，瞪了他一眼，责备他说："好孩子要学会把好东西让给别人，不能总想着自己。"

于是，为了得到妈妈的表扬，我灵机一动，改口说道："妈妈，我想要那个最小的，把大苹果留给约翰吧！"妈妈听了，果然非常高兴，把那个又红又大的苹果奖励给了我，约翰却只拿到一个小苹果。

从此以后，为了得到自己想要的东西，我学会了伪装自己内心真实的想法，不断说谎。上中学时，为了得到想要的东西，满足自己的私欲，我会不择手段，直到现在，我被关进监狱，终身监禁。

故事之二：

另一个人是这样写的：小时候，父亲过生日，妈妈拿来几个苹果。我和弟弟们都争着要大的，妈妈却把那个最大、最红的苹果举在手中，对我们说：很好，孩子们，你们都说了真心话，这个苹果最大、最红，也最好吃，谁都想得到它。可这个大苹果只有一个，让我们来做个比赛吧：我把门前的草坪分成三块，你们每人一块，负责把它修剪好，谁干得最快、最好，谁就有资格得到它！

结果，我通过自己的努力赢得了那个最大的苹果。我非常感谢妈妈，她让我明白了一个最简单，也最重要的道理：想要得到最好的，就必须努力争第一。

她一直这样教育我们，在我们家，你想要什么好东西就要通过比赛来赢得，这很公平，你想得到什么，就必须为此付出努力和代价！

两则故事告诉我们：同样是分苹果，一位母亲的做法造成了孩子用说谎来伪装自己，从而一步步滑向深渊；另一位母亲让孩子说出真实的想法，引导他们通过不懈努力得到自己想要的东西。

激励不是施舍，也不是无原则的表扬和肯定。激励是什么？激励是竞争，是对付出的肯定，是以人为本的教育管理思想，常理解为被尊重、被关爱，处处从他人角度出发谋对策。

六、榜样——教师之魅力

"桃李不言，下自成蹊。"教师的学识、修养、人格对学生有潜移默化的作用，特别是教师身上所具备的诚信、正直、果敢、阳光、严谨、自律、自信、勤勉等品质，会让教师在学生中间产生威信，让他们崇拜。教师与学生间的交往其实就是一种影响，这种影响就是榜样的力量。

法国作家卢梭说过："榜样！榜样！没有榜样，你永远不能成功地教给儿童以任何东西。"榜样是资源，凝聚着力量。具体的典型榜样，往往比接受抽象的原则方法、理论要简单得多，特别是榜样如果就在学生身边，学生会不知不觉地受到影响，这样由一到十，由点到面，相互感染，竞相仿效。

汉代扬雄《法言·学行》曰："师哉！师哉！桐子之命也。务学不如务求师。师者，人之模范也。"教师在一定程度上决定了学生的善恶之命，决定了学生性情、德性、素质，因此不可不明慎。有时致力于学习不如致力于寻找一个好的老师，在良师的指导下使学习事半功倍。教师，理应是人的楷模与表率。

教育是一片云推动另一片云、一个人影响另一个人。为人真诚、品德高尚的教师用不着自我宣介，自然会感染学生，从而受到学生的尊重和敬仰。因此，在班级管理中，要求学生做到的，教师一定要做到。教师的教学语言风趣幽默、教学技艺精湛、行为习惯良好、充满阳光自信和具备正能量就是强大的教育力量，对学生教育有潜移默化作用。

七、尊重——教育之起点

《论语·颜渊》：颜渊问仁。子曰："克己复礼为仁。"

仲弓问仁。子曰："己所不欲，勿施于人。"

司马牛问仁。子曰："仁者，其言也讱。"

孔子对不同的学生提出的同一个问题，总是针对学生的优点和缺点，或者根据自己对学生发展的预测和期望，给予不同的解答。当时还没有出现班级教学，虽有集体讲习，却重在个别教育，而个别教育，正是因材施教的最好形式。

宋代学者朱熹在《论语集注》中，对这一则记载的注释是："弟子因孔子之言，记此十人，而并目其所长，分为四科。孔子教人，各因其材，于此可见"——这就是"因材施教"这一命题的出处。"因材施教"虽不是孔子的原话，却是对孔子教学实践中基本原则的准确概括。

为什么我们的教育有时事倍功半，收效不大呢？最关键的一点是我们没有尊重学生个性差异、没有选择因材施教、不了解学生，因而不能判断其秉性。《孙子·谋攻篇》曰："知己知彼，百战不殆；不知彼而知己，一胜一负；不知彼，不知己，每战必殆。"教育只有与学生同道，方可有的放矢，对症下药。

育人和培育花木一样，首先要认识花木的特点，区别花木的习性给以施肥、浇水。因此作为班主任，工作要注重因材施教，花点时间来了解学生的性格、智商、情商、特长、秉性、言论、习惯，明确学生优点和缺点，从学生的实际情况出发，根据学生的能力教育学生，避免教育过程中的盲目性和随意性。可答其所问，成就其德行，长善救失，促进学生个性的发展，为国家培养出各种人才。

八、惩戒——教育之利剑

惩戒，教育不可少之元素，快乐教育、情感教育、鼓励教育、赏识教育都非常重要，但凡事皆有度，过犹不及。

孩子的成长之路并非一味地平坦，中间会有很多的波折。与任何事物一样，赏识也具有两面性，是一把双刃剑。恰到好处的赏识会激发孩子的热情；赏识过度会使孩子经受不起挫折，遇到困难就退缩、遭受打击就沉沦。

有人做过这样一个实验：让两组孩子去完成同样的任务。第一组每人发一个空盒子，完成一项任务就奖励一个弹子；第二组每人发一个装满弹子的盒子，一项任务失败了就拿掉一个弹子。结果发现，第二组孩子的任务完成得比第一组要好许多。

这个实验证明：惩戒同样是一种教育手段，如果应用得当，甚至比赏识更有效用。它不但可以增强孩子的抗压能力，甚至可以转化成为对孩子的一种激励！

明代学者方孝孺曰："凡善怕者，必身有所正，言有所规，行有所止，偶有逾矩，安不出大格。"人应有敬畏之心，只有一个人有了敬畏之心，才能自觉约束自我，不做出格越轨之事。没有惩戒的教育是不完整的教育，是一种虚弱的教育、不负责任的教育。我任教三十载，从不否定惩戒，总认为适度惩戒本身就是一种教育。因为孩子的成长并非坦途，每个人都是在磕磕碰碰中长大的，会经历很多的波折。过度赏识，孩子就会变得脆弱，难以承担挫折的考验，一旦遇到风吹浪打，便可能折戟沉沙。

惩戒者，正其心也。教育的本质就是正其心，使其全面发展。教育的目的不是改造人，而是唤醒人，惩戒教育的出发点应是让犯错的孩子认识自己的过失并为之承担责任。

有一个 12 岁的孩子，在院子里踢足球，把邻居家的玻璃踢碎了。邻居说，我这块玻璃是 12.5 美元买的，你赔。这是在 1923 年，12.5 美元可以买125 只鸡。这个孩子没办法，回家找爸爸。爸爸问玻璃是你踢碎的吗？孩子说是。爸爸说那你就赔吧，你踢碎的，你就赔。没有钱，我借给你，一年后还。在接下来的一年里，这个孩子擦皮鞋、送报纸，打工挣钱，挣回了 12.5 美元还给父亲。这个孩子长大后成了美国的总统，就是里根。这是他在回忆录中写到的一个故事。他说正是通过这样一件事让他懂得了什么是责任，那就是为自己的过失负责。

孩子天性活泼，一点儿没错，然而没有约束的活泼就是放纵，放纵孩子在课堂上搞恶作剧，在课外欺负弱小同学，就会逐渐演变为不学习、不遵守纪律的问题学生。教育往简单说，就是培养习惯，其中包括学习习惯，行为习惯，待人习惯，处事习惯等。好习惯不会自然形成，合理约束、必要惩戒，健全规章制度是形成良好习惯的保障。良好习惯的养成要从约束和惩戒开始。

当下，不少孩子遇到成绩不好或其他挫折便轻言放弃，与赏识过度是脱不了干系的。因此，对孩子的教育，赏识、表扬、鼓励、包容，理解固然重要，批评、惩戒也不可缺少。甚至有时，惩戒比鼓励效果要好。没有惩戒的教育一定不是好教育。如何惩戒？要有一个度，肢体对抗不是好办法。必要的惩戒指打扫卫生、擦黑板、抄写课本知识点、写检讨、唱一首歌、讲一个故事、站着听课、反省等。

教育犹如烹饪，食材、佐料、火候要合理使用，烧出的菜才会色香味俱全。

电影《无问西东》里有一句话："这个时代缺的不是完美的人，缺的是从自己心底里给出的真心、正义、无畏和同情。"作为一名班主任要有正气、大气、锐气、和气、骨气等做人的气度；作为一名教师要有高雅、睿智、亲和、自信的精神气质，最终形成严谨、高效、真实、幽默、热情的教育风格。如果做到了这些，我们这群仰望星空的平凡之人，就成了被仰望的"星空"。

克服职业倦怠　永葆工作活力

教书是一种职业，也是一项事业。之所以说是职业，因为教书是朴实的、平凡的、实实在在的事情；说它是事业是因为教书在塑造人的灵魂，一个人充满梦想是伟大的、神圣的，这是一种境界。一名教师要赢得学生的欢迎、社会的认可，使自己所教的学生有良好的发展，需要我们具有像陶行知那样的热情，蔡元培那样的学识、孔子那样的智慧、墨子那样的博爱。热情、学识、智慧、博爱、态度是克服职业倦怠的良药。

一、师德自律，以博爱成就师生心灵互动

一个好教师的特质是：有理想信念、有道德情操、有扎实知识、有仁爱之心，其中有三点是对师德的要求。学生和家长心目中好教师的特质有哪些？有人通过对 3000 名学生，2000 名家长进行调查，得出以下结论。

1. 学生心目中的好老师特征

①合作，民主；②对学生仁慈，体谅学生；③对学生有耐性；④兴趣广泛；⑤和蔼可亲；⑥公正无私；⑦有幽默感；⑧言行一致；⑨对学生问题有研究兴趣；⑩处事有伸缩性；⑪了解学生并能给予学生鼓励；⑫教学经验丰富。

2. 不受欢迎的老师特征

①脾气暴戾，无耐心；②对学生不公平，有偏爱；③不愿意帮助学生；④不合理地要求学生；⑤性格忧郁，不友善；⑥讽刺、嘲笑学生；⑦外表令人讨厌；⑧顽固；⑨啰嗦；⑩霸道；⑪缺乏幽默感；⑫缺少教学经验。

3. 家长心目中的好老师特征

①对学生关怀，有爱心；②有责任感；③教学经验丰富；④教学讲解透

彻明白；⑤公平对待学生；⑥专业知识渊博；⑦关注学生心理；⑧与家长沟通、合作多；⑨脾气好、平易近人；⑩教学目标清楚明白；⑪严格要求学生；⑫关心学生生活。

学生心目中的好老师和不受欢迎老师的特征中有 20 条是针对教师师德的，家长心目中好老师的特征中有 4 条是针对教师专业知识的。

借得大江千杯水，研为翰墨谱爱心。做教育的人要有一颗能静能动的心。静时如莲，暗自芬芳；动时如火，暖彻心房。师生交往的故事，爱与智慧是不变的主题。因为有了爱，教育才变得有价值；因为拥有智慧，教育才变得简单。

教育的真谛是什么？马克思说："教育之为教育，正是在于它是一种人格心灵的唤醒。"

有一则寓言。一位老人对孙子说，每人身体里都有两只狼，他们残酷地互相搏杀。一只狼代表着愤怒、嫉妒、骄傲、害怕和耻辱；另一只代表温柔、善良、感恩、希望、微笑和爱。小男孩着急地问："爷爷，哪只狼更厉害？"老人回答："你喂食的那一只！"学生的教育取决于唤醒心灵的那些东西。教师要唤醒学生心灵，来对付那只"负能量"的狼，喂食那只"正能量"的狼。

二、持之以恒，以高标准优化专业成长

每个人都有自己的专业和领域，在这个领域，每个人都有自己的特长。名师不同于其他教师的地方就是少了一点职业倦怠，没有停下学习的步伐。只有坚持学习、勤于思考、勇于实践的教师，才能真正拥有教学智慧，在教学中创造自己的教学风格。

1. 重视研究

教学与研究是相辅相成、不可分割的，教学研究是搞好教学、提高教育质量的有力保障。有人说："校内比成绩，校外比科研。"虽说不能一概而论，但是一名教师要博得社会赞誉，在当地产生影响力和知名度，教学成绩和教学研究两者都是不可缺失的。以研促教、教研相长，名师之路还会远吗？

理论不是大道理，理不清，则法不明。苏联教育家苏霍姆林斯基说："如果你想让教师的劳动能够给教师带来乐趣，使上课不至于变成一种单调乏味

的义务，那你就应当引导每一位教师走上从事教学研究这条幸福的道路上来。"理论不是拿来用的，且理论也没有实用价值，实用就是把理论变成技巧和方法。那么教学理论到底有什么价值呢？打个比方，理论如棋谱，象棋大师肯定不会按照棋谱与人对决，如果那样就会受经验主义和教条主义的影响，他的棋艺也不会达到顶尖水平，但他一定会研究棋谱，因为棋谱对提高他的棋艺有帮助，在与别人对决时有指导作用。教学研究就是引出一个话题让大家讨论，培养思维方式，提供看问题的角度。把教学实践与自己的研究课题结合起来，有什么问题，研究什么？用先进的教育理念指导教学实践，再将自己在教学实践中获得的心得体会、积淀的经验进行反思、总结、升华，形成自己独特教学的见解或理念，这是我们进行教学研究的主要手段。

2. 勤于学习

学习是智慧的源泉，学习能滋润我们的教学。面对慢慢变老的教师和不断成长的学生，教育已经成为终身学习的职业。为了自己的专业成长，要研读《普通高中课程标准》（以下简称《课标》）和新教材，实施基于核心素养的教学，结合《课标》与知识间前后的关系，仔细推敲教学内容，再思考需要教给学生什么、如何教；阅读教育教学杂志，坚持每周看两篇教学论文，每天做一道有思维深度的试题。主动听课；坚持每周能够听一节课，虚心学习，汲取别人教学之长。

3. 善于积累

职业生涯的长度由其积累的厚度和深度决定。一个优秀的教师不是他有多高深奥妙的理论，而是看他积累了多少经典的教学案例。勤于阅读、写作和实践的积累，坚持一周撰写一个教学案例，每年发表一篇或两篇教育教学论文。

三、执着信念，以正能量守住职业底线

教学不需要华丽的语言去装饰，需要的是脚踏实地。备好课、上好课、仔细批阅作业、认真辅导学生；不伤害学生、不歧视学生、不放弃每一个学生；做一个正派、正直、诚信的人；接受并完成学校分配的、属于自己责任范畴的工作，这就是一名教师的职业底线。在力所能及的范围内做出小的改变，集合而成为大的改变，不要想自己能做成什么，而是想自己能做什么，

没有做就无所谓做成。思考教育和教学的意义，智商做事、情商做人。宽容、包容、兼容，各为其美，美人之美，美美与共，天下大同。

有一个故事：一只蜘蛛在一家后院的两屋檐之间结了一张很大的网。人们感到奇怪，难道蜘蛛会飞？从这个檐头到那个檐头，中间有一丈余宽，第一根线是怎么拉过去的呢？后来，人们发现蜘蛛走了许多弯路。从一个檐头起，打结，顺屋檐而下，一步一步向前爬，小心翼翼，翘起尾部，不让丝沾到地面的沙石或别的物体上；走过空地，再爬上对面的檐头，高度差不多了，再把丝收紧，然后如此重复下去……蜘蛛不会飞，但它能够把网结在半空中，这是凭着它的勤奋、坚忍和执着结来的。奇迹源于信念，是靠执着创造的。

四、善待初心，以积极的心态面对职业

幸福，源于心态；不幸福，也源于心态。如果我们对自己的职业不满意，其实有两种选择：要么改变职业，要么改变心态。既然不能改变职业，就只能改变心态。

有两个来自不同城市的人，准备外出打工。一个打算去上海，一个决定去北京。在候车厅等车的时候，他们两个人都改变了主意，因为他们同时听到邻座的人在议论说："上海人精明，外地人问路都收费；北京人质朴，见了吃不上饭的人，不仅给馒头，还送衣服。"

想去上海的人想：还是北京好，挣不到钱也饿不死，幸好去上海的火车没有来，不然就掉进了火坑。打算去北京的人想：还是上海好，给人带路都能挣钱，还有什么不能挣钱的呢？幸亏我还没有上去北京的火车，否则真的失去了一次机会。后来他们在退票处相遇，交换了车票。

来到北京的人发现，初到北京一个月，什么也没干，竟然没有饿着。不仅银行大厅的纯净水免费喝，而且大商场里欢迎品尝的点心也可以免费吃……

来到上海的人发现，上海果然是一个可以让人发财的地方，干什么都可以赚钱，看厕所可以赚钱，弄盆水洗脸可以赚钱。凭着农村人对泥土的认识，第二天，他装了十包含有沙子和树叶的土，起了"花盆土"的名字，向爱花的上海人兜售，当天他净赚五十元钱。一年后，他凭着卖"花盆土"竟然在上海拥有了一个小小的门面。

在常年的走街串巷中，他有了一个新的发现：一些商铺的楼面虽然亮丽，但招牌比较黑，打听后发现清洗公司只负责洗楼，而不负责洗招牌。他立即抓住这一机会，买了人字梯、水桶和抹布，办起了一个小型的清洗公司，专门负责擦洗招牌。他的业务越做越大，由上海发展到杭州和南京。

后来，他一次去北京考察清洗市场。在火车站，一个捡破烂的人向他讨要一个空矿泉水瓶，在递水瓶时，两人愣住了，原来这个捡破烂的人就是几年前与他换票去北京的人……

两个来自不同城市的人，只是由于当初的生活理念不同，后来他们之间的差距居然如此之大。真是不同的心态，造就不同的命运呀！

其实，工作需要一种心态，一种积极的心态！年轻是一种精神状态，不是工作的资本，职业生涯止步不前是因为放弃了热情，放弃了追求和梦想。

生命与职业同行，生命因为有了对职业的追求而得到开发，光彩倍增；职业则因为有生命的投入而有了热情流淌的血液和永不衰竭的激情，风暴与欢乐时时交替的敏感心灵会变得强大；生命与职业同行，这条路便会风雨无阻、光彩照人。于是，美与和谐才得以展示。这是职业的彩虹，也是生命的乐章！

教师专业成长"四部曲"

教师的专业成长是教育领域的热门话题，也是一个老话题。教师专业发展以自愿为前提，以分享资源、技术、经验、价值为交流途径，以合作互赢为目的，教师在共同的专业中相互学习、相互交流、共同研究，在教育教学实践中不断提升自己专业水平，树立专业自信，并获得自我的身份认同。

制约教师成长的主要因素有：一是许多教师找不到前进的动力，职业倦怠，缺乏教育情怀。二是部分教师放慢了专业发展的脚步，专业水平没有核心竞争力，忽视教学研究，教学理念滞后。

从目前看，专业功底扎实的教师与学识薄弱的教师可能差距不大。但从长远看，持之以恒追求专业发展的教师一定会受益终身。教师专业要发展离不开说课、观课、评课和阅读这四个方面。

说　课

"说课"是在备课的基础上，面对同行或专家，在规定的时间内，针对具体课题，采用讲述为主的方式，系统地分析教材和学生等，挖掘教学过程中一些隐性的东西，并阐述自己的教学设想及理论依据，然后由同行或专家进行评议，达到相互交流，共同提高的一种教研活动。

一、说课的内容

1. 说教材

说教材要说明自己对教材的理解。说教材的目的有两个：一是确定学习内容的范围与深度，明确"教什么"；二是揭示学习内容，培养何种学科素养，知道"如何教"。说教材包括三个方面：

（1）说所教内容的地位作用。说明新课标对所教内容的要求，所教教学内容在节、单元乃至整套教材中的地位、作用和意义，说明教材编写的意图、思路与结构特点。

（2）说教学目标的确定。一说目标的可行性，即教学目标要符合新课标的要求，切合各种层次学生的实际；二说目标的可操作性，即目标要求具体、明确，能直接用来指导、评价和检查该节课的教学工作。

（3）说所教内容的重难点。教学重点除重点知识外，还包括重点培养什么能力和何种学科素养。教学难点是那些比较抽象，离生活较远，过程比较复杂，使学生难以理解和掌握的知识。

2. 说学生

说学生就是分析教学对象。因为学生是学习的主体，因此，教师说课要说清楚学生情况。这部分内容可以单列，也可以插在说教材部分或说学法里一起说。说学生包括：

（1）说学生的知识经验。说明学生学习新知识前所具有的基础知识、生活经验以及学生学习新知识前不具备、不知道的知识，这种知识经验对学习新知识产生什么样的影响。

（2）说学生的技能态度。就是分析学生掌握学习内容所必须具备的学习技巧，以及是否具备学习新知识所必须掌握的技能和态度。

（3）说学生的特点风格。说明学生年龄特点，以及由于身体和智力上的个别差异所形成的学习方式与风格的差异。

3. 说教法与教学手段

说教法与教学手段就是说出选用什么样的教学方法和采取什么样的教学手段，以及采用这些教学方法和教学手段的理论依据是什么。

（1）说教法组合。一是要考虑能否取得最佳效果；二是要考虑师生的劳动付出是否体现了最优化原则。一般一节课以一两种教学方法为主，穿插渗透一些其他教学方法。教法组合的依据要从教学目标、教材编排形式、学生知识基础、年龄特征、教师的自身特点以及学校设备条件等方面说明。

（2）说教学手段。教学手段是指教学工具（含传统教具、课件、多媒体、计算机网络等）的选择及使用方法，要尽可能使用现代化的教学手段。教具的选择一忌多，使用过频，使课堂教学变成教具或课件的展览，从而忽略了教学内容；二忌教学手段过于简单，不能反映学科特点；三忌教学手段流于形式，不能充分利用教具。要说明是怎样依据教学目标、教材内容、学生的年龄特征、学校设备条件、教具的功能等来选择教学手段的。

4. 说学法

说课中虽然没有学生，看不到师生之间和学生之间的双边活动，但教师必须说明是如何根据教学内容、围绕教学目标指导学生学习的，教给学生什么样的学习方法，培养学生的哪些能力，培育何种学科核心素养，如何调动学生的积极思维，怎样激发学困生的学习兴趣等。

5. 说教学设计

介绍教学设计是说课的重点部分。因为只有通过这一过程的分析才能看到说课者独具匠心的教学安排，它反映了教师的教学思想、教学个性与风格。也只有通过对教学过程设计的阐述，才能看到教学安排是否合理、科学和艺术。教学过程通常要说清楚下面几个问题：

（1）说教学思路的设计及依据。教学思路主要包括各教学环节的顺序安排及师生双边活动的安排。教学思路要层次分明，富有启发性，能体现教师的主导作用和学生的主体作用；还要说明教学思路设计的理论依据和设计意图。

（2）说教学重难点的处理。教师高超的教学技艺体现在突出重点、突破难点上，这是教师在教学活动中投入精力最大、付出劳动最多的方面，也是教师教学深度和教学水平的标志。因此，教师在说课时，必须有说明突出教学重点、突破教学难点的基本策略。也就是要从知识结构、教学要素的优化、习题的选择、思维训练、教学方法、教学媒体的选用、反馈信息的处理和强化等方面去说明突出重点的步骤、方法和形式。

（3）说各教学环节的时间分配。要联系实际教材内容、学生实际情况和教学方法等说出各个教学环节时间安排的依据。特别要说明一节课里的最佳时间（20～25分钟）和黄金时间（15分钟）是怎样充分利用的。

二、走出误区，从本质上理解"说课"

误区之一：说课就是复述教案

说课稿与教案有一定的联系，但又有明显的区别，不应混为一谈。说课稿不要过长，时间控制在 10 分钟之内为宜；教案主要写"怎样教"，而说课稿重点要说清"为什么要这样教"。教案是教师备课思维过程的总结，多是教学具体过程的阐述，是教师备课结果的记录，是教师进行课堂教学的操作性方案。它重在设定教师在教学中的具体内容和行为，即体现了"教什么""怎么教"两方面；说课稿侧重于理论指导的阐述，它虽包括教案中的精华部分（说课稿的编写多以教案为蓝本，作为参考的第一手材料），但更重要的是要体现执教者的教学思想、教学意图和理论依据。简单地说，说课稿不仅要精确地说出"教"与"学"的内容，更重要的是要从理论和实践的结合上具体阐述"我为什么要这样教"。教案是平面的、单向的，而说课是立体的、多维的。说课稿是教案的深化、扩展与完善。

误区之二：说课就是再现上课过程

有些教师在说课中一直口若悬河，激动万分地给听者"上课"：把讲给学生的东西照搬不误地拿来讲给下面就座的各位评委、同行们听。其实，如果他们准备的内容和课程安排面对的是学生，可能会是一节很成功的示范课。但说课绝不是上课，二者在对象、要求、评价标准以及场合上具有实质性的区别，不能等同对待。

说课是说教师的教学思路，说教学方案是如何设计出来的、设计的依据是什么、预定要达到怎样的教学目标，这好比一项工程的可行性报告，而不是施工工程的本身。由此可见，说课是介于备课和上课之间的一种教学研究活动，对于备课是一种深化和检验，能使备课理性化，对于上课是一种更为严密的课前准备。

误区之三：说教学方法太过笼统，说学习方法有失规范

"教学设计和学法指导"是说课过程中不可缺少的一个环节，有些教师在这个环节中多一言以蔽之：我运用了启发式、直观式等教学方法、学生运用自主探究法、合作讨论法等学习方法。至于教师如何启发学生，怎样操作，却不见了下文。甚至有的教师把"学法指导"误解为解答学生疑问、学生习惯养成、简单的技能训练。

误区之四：说课过程没有任何的辅助材料和手段

有的教师在说课过程中，既无说课文字稿，也没有运用任何的辅助手段。有的教师明明说自己动手设计了多媒体课件来辅助教学，但在说课过程中，始终不见庐山真面目，让听者不禁怀疑其真实性。所以，说课教师在说课过程中可以运用一定的辅助手段，如多媒体课件的制作、实物投影仪、说课文字稿等，在有限的时间里向同行及评委说清教学设计。

三、说课要求

（1）配合说课过程，要有 PPT 演示文稿。

（2）说课中要简述教学过程，重点说明如何突出教学重点和突破教学难点，以及如何突出学科特色和设计意图。

（3）说课在 10～15 分钟之内完成。

观　课

《增广贤文·上集》曰："近水知鱼性，近山识鸟音。"大意是说，常在水边会熟悉不同鱼儿的习性，久近山林能辨别各种鸟儿的叫声。比喻要了解事物的本质，把握其内在的规律，需融入其所处环境，近距离观察研究，通过实践加深认识。教师的专业成长植根于课堂，因为教学实践的基地是课堂。要上好一堂课，除了自身的学养之外，借鉴他人的成功之处，集众家之长为我所用也是一个重要因素。因此，在我们平时的教学活动中进行观课有助于提高我们的教学技艺。那么，在观课的过程中，我们应该观察课堂教学的哪些要素呢？

一、教学目标的达成情况

教学目标是课堂教学的出发点和归宿，是教学的灵魂，是课堂教学的"神"，课堂中一切教学活动都是围绕教学目标展开的。教学目标的制订是否准确清晰不仅影响着教学过程的开展，很大程度上也影响着学生的学习效果。观课时要注意教师是用什么方法达成教学目标的？学生在这些活动过程中是否积极投入？不管运用什么样的教学方法，最终的目的是完成一节高质量的课，达成教学目标。衡量一节课是否让学生达成目标可以用多种方式：一种方式是让学生在下课前做一个测试卷，另一种方式是通过观察学生，判断学生对本节课所学知识掌握到什么程度。另外，学生对所学知识掌握的深度和熟练程度，对学生思维的开发程度，学科素养的培育和情感的影响力度等等，都反映了一节课的教学质量和效率。

二、教学设计是否科学合理

教学设计是指课堂教学的设想和计划，具有规划性、超前性和创造性等特点。比如教学方法是否恰当？教学活动是否活而不乱？是否每个教学环节都有必要，都合理高效？（就有些教学环节点本身来讲，可能是创新，但在整节课中可能是个多余的环节）教学问题指向是否明确？教学过程是否流畅？节奏是否张弛有度？结构是否合理？活动是否有序和有价值？容量是否恰到好处？教学重难点是否突出？是否关注到学生的学习特点与学习能力等。

三、教学过程中学生的参与情况

参与是指以第二或第三方的身份加入某件事之中。教学中，学生参与的本质是学生在学习过程中动脑思考和情感投入，主要因素有学生参与解答问题、开展活动、执行任务、动手作业等情况；学生参与课堂教学的程度、参与教学的方式以及效果等。

四、教师驾驭课堂的能力

教师驾驭课堂的能力体现了教师组织、管理课堂教学的艺术。特别要关注教师在课堂教学中传授知识时如何营造课堂情境？怎样处理突发事件？如何利用学生在解决问题出现的错误、奇思妙想等课堂的生成性资源？

五、教师的语言感染力

在教学中语言是否严谨、专业，教师是否能生动形象、富有感染力地开展教学，语言是否具有抑扬顿挫的美感，语言表达是否清晰并具有幽默感，都是一堂课成功的重要保证。

六、学科知识讲授的层次感与逻辑性

老师不论在什么理念的指导下，以什么样的教学组织形式与设计进行授课，学科知识的内容必须是正确的，这是完成教学任务的根本。包括教学内容的逻辑是否严谨？条理是否清楚？关联性是否突出？环节之间的衔接是否流畅？知识的传授是否通俗易懂？

七、学生不会的问题是否通过相互讨论和帮助来解决

对于学生不会的问题老师不要急于解答，而是先让学生通过合作学习来解决。学生的合作组织要分小组和大组：首先是两个人的小组合作，实验证明两个人的合作密度最大，效果最好；两个人不能解决的问题再通过大组来解决（6~8人一个大组）。大家在一起讨论的是不会的问题，会的问题就不要讨论了，要注意提高课堂学习的效率；大组不能解决的问题可通过全班讨论来解决。

八、教师的点拨是否精当并推到最后一步

从理论上来讲，一些问题全班有个别学生能解答，老师也不要急于讲解，要推到最后一步，多问几个为什么，充分发挥学生的独立思考能力和互助合作精神，要把解决问题的主动权交给学生，把思维引向深入，引导学生深度学习。

九、教师是引领学生整体建构还是一开始就进入细节之中

教师在备课时要改变过去那种只备一节课的习惯，按照单元备课，把一个单元看作一个整体，进行整体安排和设计。要引导学生领悟教材编者的意图，厘清一个单元的结构脉络，而不是教给学生一些知识的碎片。在教学一篇课文和一节教材时，也要整体建构，让学生从整体上来把握一个单元和一节的内容，使知识在头脑中形成网络，而不是点状结构。只有网络的知识才便于理解和记忆。

十、教师是否注意引导学生归纳知识规律和学习方法

教师在教学中要注意引导学生归纳课本知识的规律和学习这些知识的方法，要用课本教而不是教课本。在教学中，教师要善于引导学生寻找学习的规律：通过例题找解题规律、变式练习实验规律、联系实际应用规律。高水平的教师在课堂上教给学生规律和方法，低水平的教师只能按照课本亦步亦趋地教给学生一些零散的知识。

评　课

读书无疑者，须教有疑；有疑者，却要教无疑，才是长进。评课是教师之间的一种互动形式和交流方式，通过大家共同讨论解决自己教学的疑问，是提高自身教学水平的一条重要途径。

一、评课中存在的问题

（1）讲的优点多。指出的特色没有说服力，正确的"废话"多，千篇一律，没有独到的见解。

（2）就课论课的多。评课时给出的建设性意见少，对授课者今后的教学帮助不大。

（3）不足谈得少。没有指出真正存在的问题，掩饰缺点，即使指出了不足，也是轻描淡写，别人听了不能心悦诚服。

（4）理论水平低。评课的观点缺乏专业性、理论性和指导性，立意低，格局小，没有从教学的全局出发，借助该课给今后教学提出建设性意见和建议。

二、如何有效评课

1. 评教学过程设计

关注点：教材处理和教学方法的选择是否立足于《课标》？学科核心素养的培育有无载体？是否真正围绕核心素养设计教学环节？重点讲透没有？学生掌握没有？难度的控制是否合理？探究性问题的设计是否可行？学生合作学习的设计是否有实效性？教学内容的延伸和拓展是否合理有度？

结论：依据《课标》选择教法，教之有度；在高层次的思维活动上设计探究性问题；合作学习有价值。

2. 评教师活动

关注点：情景创设是否合理？教学过程是否流畅？知识传授是否自然？问题的解法是否点拨到位？是否重视知识之间的相互联系？教学中学生的错误是否予以纠正并剖析错因？学生奇妙之解法是否给出合理评价？课堂总结是否简洁而有规律性？

结论：各个教学片段之间的衔接流畅自然，行如流水；知识生成水到渠成；有效利用学生解决问题时出现的错误、观点、妙解、奇想等生成性资源；点拨到位，总结简洁。

3. 评学生活动

关注点：学生是否自觉积极地独立思考？合作交流是否人人充分参与而有实效性？展示汇报、回答问题是否主动，是否敢于表达自己的观点？与教师互动是否有契合？

结论：积极进行独立思考；合作学习有实效性；勇于回答问题，善于表达自己的观点；精神状态饱满，师生互动有效。

4. 提出教学建议和改进措施

发现授课教师的教学特色和不足不是评课的目的，要通过评课提升自己的教学水平和理论素养。评课时要提出一个话题供大家讨论；对某一知识点如何处理提出自己的见解；对某一类型的课如何教授发表自己的观点；对学生的活动提出自己的方案。

阅　读

阅读开拓视野，阅读增长智慧，阅读提升思想。在我们的成长历程中，要勤于阅读。读书从来不是无用的，哪怕一时不能显现出作用，但读书久了会产生一种由内而外的气质。读书的目的，不在于取得多大成就，而在于当你被生活打回原形、陷入泥潭时，给你一种内在的力量。读书越多，见识越多，对待很多事情的心态就会平和、通达。

其实人这一辈子是孤独的。唯有阅读能丰富你的精神世界，陪着你走过漫长岁月。

1. 读经典教育专著

读叶澜《教育概论》、美国作家梅瑞迪斯·高尔《教育研究及方法》、苏联教育家赞科夫《和教师的谈话》、德国教育家张万祥《给年轻班主任的建议》、钟启泉《新课程的理念与创新——师范读本》等，用教育理论指导我们的教育理念和教学行为，为我们的教学研究佐证。

2. 自觉阅读专业范畴的教育教学杂志

数学教师可阅读《课程·教材·教法》《数学通讯》《中学数学教学参

考》《中学数学》《理科考试研究》等。通过阅读了解当前课堂教学的最新思想和教学研究的前沿动态，学习先进的教学经验，借鉴高考备考的有效方法，积淀典型试题的最优解法。

3. 读文学名著，增强文字功底，提高语言表述的准确性

作为理科教师阅读的书籍仅仅限于专业范畴是远远不够的，还要读一些文学名著，如《论语》《史记》《资治通鉴》《三国志》《孙子兵法》《西游记》等，陶冶我们的性情，开拓我们的精神空间，提高语言表达的能力。许多教师感到现在很多学生难管，为什么呢？最重要的一点是缺乏智慧，那么智慧源于何处？读书使人睿智，读书扩大视野，增长见识，生长智慧。

4. 看书要思考和联系实际

在阅读过程中把自己的想法、见解、认识、观点、评价在书的空白处进行旁注，实现心与书的交流沟通，产生思想上的共鸣。

5. 写读后感，升华认识

读完一段话或一本书一定会有一些想法，这些感受是你对文章的理解，也是与作者的交流，更是与作品的碰撞，写出来就会提高你的认识。在阅读的过程中，写读后感可以帮助我们汲取思想的智慧，提高思维的深刻性，对写作能力也是一个有效的锻炼。

世界每一分每一秒都在进步，你的停滞不前就是一种退步。教师的专业发展离不开课堂，说课、观课、评课是教师提高教学水平的重要途径。唯有不断地进行学习，不断地投资自己的大脑和能力，才能在这大江奔流的时代中稳扎稳打，逐浪前行。

提升本专业素养　践行新高考理念

新高考的特点是：第一，不再以分数为唯一评价标准；第二，打破了高中和大学之间的隔阂；第三，彰显选择性的教学理念，把更多的选择权交给高校，把更多的选择权留给学生，普通高中只能在这两条当中默默地搭建课程平台。

一、新高考带来新问题

1. 职业生涯规划

生涯规划教育是学生人生成长路上的航标，有了好的生涯规划，学生生涯发展方向才不会走偏。对生涯发展有清晰认识的学生，生涯规划对他来说是"锦上添花"，而对于生涯发展比较迷茫的学生，生涯规划就是"雪中送炭"，在这个过程当中，学校教育能起到指点迷津的作用。

从一些调查数据分析可以看出，学生职业倾向比例最高的是医学、生物学，第二名是教师、研究院、科研，第三是经济金融。有48%的学生表示对未来专业方面尚未进行思考，23%的学生表示自己从来没有考虑职业方面的问题，有9%的学生表示对"6选3"完全没有概念，还有更多的同学对"6选3"相对比较迷茫，或者不是那么清晰。

2. 选课、走班

什么是"3＋1＋2"模式？"3"是语文、数学、英语，由全国统考；"1＋2"为选择性考试，其中"1"为物理、历史科目中2选1，"2"是在思想政治、地理、化学、生物4门科目中选择2科。

选课、走班、应试、升学、减负、均衡等一系列问题都在考验着学校的勇气与智慧。选科没有最好，只有更适合。无论是行政班还是教学班各有利弊，前者学生心中有底，分化加剧；后者学生没有目标，有效教学。所以选课、走班必须坚持"坚定选科，适当走班；固定中分层，分层中推进，抓住机会，把控风险"的原则。

学生选课存在哪些误区、如何解决、选物理好还是历史好、12种组合利弊怎样、如何给学生合理化建议、优势选科的策略和原则是什么、学生选课时应注意什么事项，这些都是值得我们思考的问题。

3. 教学评价

选课的背后是分层。学生依据自己的兴趣和学科优势进行选择，有实验班、平行班（某些组合可能只有一个班级），原来以平均分、优秀率和合格率为评价标准的尺度不再统一，走班后学生不再是固定的，而是动态的，面对这些问题如何进行教学评价，有待我们去探索。

4. 综合素质评价

综合素质评价的关键在于做实过程性评价，需要对每一位学生建立素质发展手册，记录学生的学业水平、参加活动、获奖情况、社会实践、生涯取向等方面，并对评价结果公示、审核、填档。学生综合素质评价环节多，工作量大，班主任的工作负担加重。就综合素质评价结果而言，对参加强基计划、自强计划的学生有很大作用，对绝大多数同学来说在高考录取中的作用并不是很大，会造成学生和教师重视不够，走过场。

二、新高考带来新挑战

新高考不仅对学生选择高考科目提出了新的问题，而且对学校资源整合、教务管理方式、师资培养、学生管理等方面的工作都提出了新的挑战。

1. 文理不分科问题

面对各种组合，数学学科的教学难度如何把控。

2. 师资力量问题

如果让学生放开选课，可能有12种组合，这会导致部分学科有较多人选择，有的学科选择的人数较少，造成学校的个别学科老师不足或过剩。

3. 学生管理问题

走班后，有的教学班的学生来自不同的行政班，这会提升老师管理上的难度。学生考勤、考试管理等也是问题，都需要合理、系统地安排。

4. 学生心理问题

走班后，增加了学生选科的组合，比传统的分文理科学生选择的范围更广，同学关系比过去更脆弱，学生的心理是否能够及时适应这样的变化。

5. 学习时间管理问题

同一个时间有些学生要上课，一些学生要考试，还有一些学生要上自习，上自习的学生如何进行安排。

6. 考场安排问题

实行选科后，由于需要考试的科目较多，而且有些同学的考试科目不一样，考场如何安排需要周密考虑。

7. 分层教学问题

过去学校对学生进行分层教学主要体现在班级内部，实施"3＋1＋2"模式后，如何对学生进行分层教学更具复杂性。

8. 教师调课问题

由于走班课的同学在同一时间上课，一个老师的调课会牵一发而动全身，如何对老师尤其是走班课的老师进行调课需要谨慎对待。

三、提升专业素养，增强核心竞争力

高考改革的核心是提高学生学科核心素养，实现育人方式的转变。一线教师是新高考的落实者和实践者，面对新高考带来的新问题、提出的新要求，我们应该如何面对呢？

（一）吃透教材，认识教材育人功能

在 2021 年 4 月 26 日教育部基础教育司主办的中西部七省区普通高中"新课程、新教材、新高考"巡讲（甘肃站）活动中，国家教材委员会专家委员、人民教育出版社原总编辑韦志榕站在教材编写者的角度，从教材编写的背景、思想、任务和教材承载的功能等方面对本次新教材做了系统解读。她的讲座"基于培育学生核心素养的教学思考"，还原了教材编写过程，再现了编者意图，值得思考。

1. 重新认识课程育人价值

（1）"立德树人"是课程育人的根本任务。教材从课程层面构建了大的育人框架：学段（高中）培养目标（具有理想信念和社会责任感、具有科学

文化素养和终身学习能力、具有自主发展能力和沟通合作能力）→中国学生发展核心素养（关键能力、必备品格和正确价值观）→各学科核心素养→落实立德树人的根本任务。

（2）"核心素养"是课程育人的强力抓手。核心素养是对党的教育方针具体化的表征（画像），是立德树人根本任务的操作化（架桥），是对教与学方向的规定（指引）。

2. 重新认识课程目标

（1）从双基到核心素养，完成课程目标从知识与技能向综合育人的转变，是三维目标的升级版。

（2）核心素养时代的目标确定、围绕学科核心素养构建，是课程内容的落脚点。

3. 重新认识新教材功能

（1）新教材功能：培根铸魂（政治），启智增慧（专业）。

（2）基于学科核心素养培养的教材设计。教材以学科知识和学科活动为素养载体，遵循情境→问题→行动→生成的逻辑思路。

（3）教科书结构框架的"破"与"立"。以立德树人为任务，跳出过分注重学科体系构建的框架，从素质教育的角度构建教材宏观结构；跳出过分注重知识描述的构建框架，从方法论的角度构建教材的微观框架。从这两方面达成学生核心素养培养的教育目标。

（4）把握学科逻辑与学习逻辑的关系。教材编写贯穿两个问题：学生获得怎样的知识？学生怎样获得学科知识？

（5）体现教科书的规范性和工具性要求。教材编写注重内容、文字、结构和体例的规范，展现引导教学、训练思维、培养能力和实践活动的示范功能。

韦志榕总编对新教材解读高屋建瓴、见解独到、发人深思，给一线教师理解教材、使用教材、建构课堂教学有着重要的指导意义。

第一，实现从"教教材"到"用教材"的转变。作为一线教师要厘清知识与素养的关系，关注知识背后素养的意义。树立科学的课程观，强化课程意识，准确把握教材编写意图和教学目的，对课程资源进行综合分析和灵活运用，避免教学形式化、非科学化的倾向。

第二，整合课程内容。突出对教材整体结构的研究，注重内容之间的有机衔接。当教材呈现的问题情境远离当地学生生活实际时，教师可以换成学生熟知的事物；当教材提供的学习内容、有关信息等与本班学生实际情况有差异时，教师可以做适当的调整和补充。

第三，情境创设和问题设计要有利于发展学生的学科核心素养。把握教材的内涵，彰显学科的本质，创设适合的教学情境，提出合适的问题，引导学生思考与交流，形成和发展学科的核心素养。

第四，聚焦教材，读懂教材。教材是教学的蓝本，是教学的主要资源，只有读懂教材才能更好地把握教材的精神、地位、难点，才能创造性地使用教材，正确处理"教什么，怎么教，学什么"的问题。向教材要素养，向课堂45分钟要质量。课堂上善于同学生对话、同文本对话；课堂外要近看考试，远看人生。

（二）加强理论研究，用"一标一系"指导教学

《普通高中课程标准》（以下简称《课程标准》）和《中国高考评价体系》是高中教学的纲领性文件，是教学评价的基本依据，基于"可测"而审视《课程标准》和《中国高考评价体系》。因此，基于有效"导向"，高中教学而阐释《课程标准》和《中国高考评价体系》为最佳的"问道"途径，要求我们的教学要基于《课程标准》设计教学，依据《中国高考评价体系》把控教学。

《中国高考评价体系》既是高考备考的依据，也对高中教学具有引领作用。《中国高考评价体系》系统地回答了"为什么这样考，考什么，怎么考"的问题，对教学有很强的指导性。着眼于《中国高考评价体系》的"可测性"，明辨"不能考"，探求"可以考"，把握"弱化考"，做到"教之有度"。因此，教学的关注点要引导学生从"解题"向"解决问题"，从"做题"向"做人"转变。

新高考的核心功能是什么？立德树人、服务选才、引导教学。高考考什么？必备知识、关键能力、学科素养、核心价值。高考怎样考？基础性、综合性、应用性、创新性。"教"绝不只是为了"考"，但同样显而易见，倘若"教"能够注意"问道"于"考"，无疑将使"考"隐于日常之"教"，易于日常之"教"！这样，学生的课业负担可以减轻，教学也会有的放矢，最终我们的教学就会达到事半功倍的效果。

（三）锤炼教技，升华课堂教学艺术

提高课堂教学水平是对教师最基本的教学要求，是一个教师立足讲台的基本点。课堂教学是一门艺术，是一种创造性的劳动。一名教师只要真正做到"传道有术、授业有方、解惑有法"，学生就会在轻松、愉快的氛围中掌握知识，课堂教学的效率就会大大提高。

1. 扬——使用教材能力

一是弘扬主线，教学主线就是以知识为载体的各个教学点的互动，是教学点之间的彼此连接，是教学活动中知识生成的一条线索。要求教师先熟读教材，然后领悟教材，再优化教材、重构教材、实现"创造性"地用教材。二是弘扬文化，它是以学科科学体系为核心，由学科思想、精神、知识、方法、理论等所辐射的相关文化领域，不是简单的数学史、物理史、化学史等。

2. 避——考验预设能力

"凡事预则立，不预则废。"精心的教学预设保证生成的合情、合理和有效，但预设不能过度，预设体现教学的计划性和封闭性，生成体现教学的动态性和开放性，两者具有互补性。处理预设与生成关系要避开争议，避免无关因素。

3. 放——展现人格魅力

一要放下身段。放下教师的"架子"，以学习伙伴、朋友的身份出现在学生面前，使课堂气氛融洽，让学生感受到亲切，平易近人。二要放开自己的手脚。营造和谐轻松的课堂氛围，进而感染学生，使学生的手脚也得到放开，畅所欲言，积极思考。

4. 留——见证教学智慧

课堂教学可分为三个层次：低层次是教师带着问题和答案走向学生；中层次是教师带着学生走向问题；高层次是师生共同带着问题走向课堂，带着问题走出课堂，但学生带着问题走出课堂却往往被忽视，这一点恰恰是一堂好课的"加分项"，留下空白、留置悬念，不仅可以制造"意犹未尽"的良好感觉，而且可以见证教师的教学智慧。

（四）重视读书学习，提升文化素养

富兰克林说："倾囊求知，无人能夺。投资知识，得益最多。"

"不读书的教师拼命教书，不读书的父母拼命育儿"的时代一去不复返了。

"纸上得来终觉浅，绝知此事要躬行"是一种学习方式，除此之外读书是一种很重要的学习形式。因为读书能拓宽视野，减少无知区域，增长智慧，提升自身品位。

当下流行一句话：用学习投资能力。在我们的成长历程中，勤于学习、坚持读书，会受益匪浅。人与人的差距从来都不是突然拉开的，背后隐藏着的是一个人多年来积攒的实力。哪有那么多天才，只是他们比普通人付出了更多汗水罢了。一条跑道上，有人在跑五千米，有人在拼百米冲刺，也有人在散步，每个人看似都在前行，但结果完全不同。

人生没有白走的路，每一步都算数。你读过的书，就是你人生的筹码，助你站在更高的起点；你熬过的苦，都会变成生活的甜；你偷过的懒，后半生都得慢慢还。别抱怨读书苦，总有一天你会明白，那是你看世界的路。每一个披星戴月、寒窗苦读的日子都是你人生路上最灿烂的星光。通过读书这个筹码，可以把人生的主动权紧紧握在自己手中。

（五）坚持专业写作，激发职业热情

做文章是苦差事。曹雪芹写完《石头记》后叹曰："字字看来都是血，十年辛苦不寻常。"苦中苦，乐中乐，由苦而生乐，这就是一种情怀。苦和乐是推动人前进的两只轮子。当一篇论文完稿后，享受到的是创造之乐、成功之乐。在这种神圣的精神追求中，我们更能体味到专业的价值。

最有效的思维锻炼方式是什么？就是写作。因为我们每一天从外部世界获取的信息都是零碎的、无序的，而通过写作，把它们整合成一个整体，就是一个使它们变得有序的过程。只有有序的信息才是知识，才能被我们所内化和调用。

很多人谈到写作，可能会想到自媒体、个人品牌……但实际上，如果把写作作为一项思维锻炼的话，那么量和质都不是特别重要。最重要的是在这个过程中，你是否能够充分调动你的大脑去思考，使它去理解信息、消化信息、吸收信息。

教师成长需要思考，更要专业的写作。专业写作能激发教师的职业热情，改变行动方式，步入成长的快车道。作为教师，推广自己的教学经验和成果

的最好形式就是总结，不断撰写和发表教育教学论文。

1. 写什么

日常生活中，当看到一个新的问题时，动手把它写下来，力求用简单明了的语言表述出它的重点。

当把一系列知识点串联起来，碰撞出火花时，记录下这个时刻，作为自己思考的产物；当跟别人交流、沟通之后，简单写一份交流记录，记录下要点和启发，待日后备查。

（1）写困惑。没有人承认自己教学没有困惑。在我们的教学实践中会遇到各种各样的困惑，如教学课时少、内容多，如何落实教学目标达成的困惑；教师不断纠错，学生却还在犯错的困惑；学习成绩偏低，无解决对策的困惑；课堂做题速度慢、浪费时间、完不成教学任务的困惑等，这些问题都是很好的写作题材。

（2）写建议。无论是教材还是专家学者的观点，一定会有不足之处，发现问题，结合自己的教学实践，给出合理性建议，就是一篇好文章。

（3）写反思。美国学者波斯纳有一个教师成长公式：教师成长＝经验＋反思。不断反思自己的教学，就会发现问题，找到教学的不足。反思帮助我们改进教学，提升教学水平，为撰写论文提供素材。譬如，每年6月7日的晚上，我都会认真做高考数学试题，反思自己教学的得失。通过反思，写出论文《聚焦运算培育数学学科核心素养》，2019年、2020年和2021年写出高考数学试题评析及对高中教学的启示，在泾川县高考研讨会做交流发言。

（4）写感悟。许多青年教师参加省、市和县级讲、赛课和说课活动，有的教师还承担评委工作，还有部分教师参加高考研讨会、国培计划培训、管理提升培训，甚至还有出国交流学习等。无论是什么层次的培训，你不可能没有想法，但遗憾的是许多老师没有把自己感悟写出来。通过写感悟，促使我们深层次思考问题，丰盈智慧，滋润思想。

（5）写随笔。写作题材不仅仅是专业范畴，可以写对教育的思考、人生的感悟、时政评述等。尽管这不是你的专业，但如果有感而发，不仅能提升你的写作能力，还可以激发思考。

不要把写作想得太严肃或太高端，也无须觉得写作就是为了发表的，它完全可以只写给自己看，可以是一种锻炼思维、整理想法的简单易行的有效方式。

2. 如何提高写作能力

（1）善于思考。思考产生感悟，交流碰撞出智慧的火花。只有乐于思考，才能给我们的教学予以足够的力量和充沛的能量。听到的、看到的、做过的都是我们思考的源泉。多想、多思才会产生想法和灵感，思维就会活跃，思想就有境界，做人才有格局。

（2）重视积累。学需要总结，有总结才能使我们从最好的角度去看、去做、去悟、去品，绽放课堂的精彩，提升教学的高度，升华教师的人格魅力。

收集一道好题或与教学内容有关的生活实例，记录一些学生的解题错误；每次听完课、听同人点评后写一个活动材料，记下自己在教学导入、问题设计、学生活动等方面的所思所想和教学感言，这些都是写作的积累。

3. 如何写教学论文

论文是指系统地讨论或研究某个问题的文章，讨论或研究的问题就是论点。论者就是分析问题、说明道理的人。通俗地讲，写论文就是对某一问题的认识，并说明为什么有这样的认识。

（1）拟好题目。题目是论文内容的高度概括，要有神韵、显精神、有文采、有新意，以最恰当、最鲜明的词语反映文章内容。

（2）提出问题。文章基于什么问题和想法，交代背景、提出论点或论题。

（3）观点论证。论证主要以理论论据和事实论据为依据证明提出的观点。理论论据要结合具体理论来论证，注意论据的科学性、逻辑性、权威性。事实论据要结合具体例子分析，要可靠，有说服力。论证过程要观点鲜明，有独到见解，求新求异，突出原创。

（4）价值意义。结论部分必须概括论点，突出主旨，提出研究的价值意义。

（5）参考文献。如果文章中引用了他人的观点或有关资料，就要在最后的参考文献中注明被引用的书刊名称、期号、题目及作者姓名（依据可靠、尊重成果、避免剽窃之嫌）。

教师专业素养的提升是一个漫长的过程，也是一条没有终点的路。如果一开始就选择安逸，那么省下的汗水会化作未来的泪水；如果放弃努力，不追求专业发展，那么这辈子就注定不能赢得学生的爱戴、家长的尊重和社会的认可。

参考文献：

［1］教育部考试中心．中国高考评价体系［M］．北京：人民教育出版社，2020.

［2］王渭宁．聚焦运算培育数学学科核心素养［J］．福建中学数学，2021（1）：16－19.

从"知识课堂"^① 走向"生命课堂"

生命课堂是指追求以人的发展为本的一种教育理念。这种课堂在倡导传授知识和发展思维能力的同时，注重培养学生的学科核心素养。在教学中要求以学生为主体、课堂为阵地，对学生进行情感、意志和健全心理培养，丰富学生心灵，实现生命与生命的对话，开展人与人之间思想、文化和情感的交流活动，这种活动充满生命活力，使学生形成有智慧和德行的人。

一、基于《课程标准》，研究教材内容

教材呈现的是知识的"学术形态"，学生要理解和掌握课本知识，要把"学术形态"转化为学生易于接受的"教育形态"。在教学过程中，教师不仅要释疑解惑，启发引导，因材施教，还要倡导自主探索、合作交流，使学生的学习过程成为在教师引导下的"再创造"过程。教材是知识的载体，承载着育人功能，是众多专家学者智慧的结晶，是施教的依据。因此，要认真钻研教材，做到"三看三反思"。

一看教材，反思编者意图。准确领会教材实质，做好知识定位。遵循由易到难、由已知到未知的规律，考虑学生的心理特征和认知水平，从人们的认识规律出发，帮助学生对知识的认知和理解。

二看《课程标准》，反思本节课应该达成的目标。关注《课程标准》，准确把握每节课所蕴含的学科思想，做好能力定位，控制好难度，情境、素材、问题和例子不能过难，教之有"度"。每节课的教学有什么要求，学生掌握到什么程度，培养何种能力，形成什么样的学科素养，《课程标准》都有明确定

---

① 知识课堂：忠诚于知识，但却忽视了人的实际需要；追求教师教学的可操作性，却忽视了学生的创造性；体现了社会科技体制的理性，却减少了师生的精神交往。其结果是"教"走向了其反面，成了"学"的阻碍。

位，需要认真研读。站在学生角度，从学生的实际情况出发，用可观察和可考量的教学行为来教授学生形成知识和技能。

三看学情，反思学生的知识储备和接受能力。详细了解学生的实际需要，做好课堂定位。关注学生在想什么？知识的呈现是否从学生的需要出发？出发点是否恰当？是否符合自己班级学生的实际水平？学生理解教材内容有没有困难？困难在什么地方？如何解决？难点内容如何突破？设计教学过程时进行换位思考，使教师置于学生位置来读教材、悟教材，只有这样才能掌握教材的精髓。

二、创设问题情境，激发学习兴趣

教学要紧密联系学生的生活环境，从学生的经验和已有的知识出发，创设有助于学生自主学习、合作交流的情境。一个好的问题情境，能引起学生的注意，让学生主动关注学习的内容；能唤起学生的学习经验，为学习新知抛砖引玉；能激发学生的学习兴趣，引发学生思考。教学时以问题引领探求方向，指向明确，促进学生积极思考。

随着课程改革的不断深入，课堂有了新的变化，教师都乐于通过创设情境引导课堂教学，这确实给课堂教学带来了勃勃生机。然而有些课堂问题情境抽象复杂、牵强附会，学生捕捉不到有效信息，不但教学流程松散缓慢，而且教学效果不佳。所以，创设问题情境一定要考虑到情境创设的有效性。那么如何去创设有效的问题情境呢？

1. 问题要有针对性

学习的最终目标是让学生在解决问题的过程中获得对新知识的理解，形成思考问题的能力、分析问题的能力和解决问题的能力。因此，问题的设计必须要有针对性，设计问题时教师要认真钻研教材，把握教材内容及其相互关系，抓住核心问题，尽量为学生提供一些知识的"原型"问题，让学生去体验、去解释、去解决。

2. 问题要有思考性

创设问题情境的目标是要激活学生的思维，引导学生进行积极思考，为学生的学习提供一定的思考空间。因此，教师要根据学生的心理特点与认知规律在"知识最近发展区"灵活地设计问题，给学生提供一些富有挑战性和开放性的问题，让学生的思维经受来自问题的挑战，用自己的思维方式去发现新知识，经历知识的形成过程，从而培养其探索精神与创新能力。

3. 问题要有现实性

有效的问题情境还离不开现实生活，结合教学内容，可以从生活中的具体事实或有趣现象引出问题、从知识的实际应用中引出问题、从新旧知识的矛盾统一中引出问题等。

4. 问题要有趣味性

将问题置于生动有趣的情境中，学生的认知因素与情感因素就会得到激发，并在解决问题的过程中得到轻松的发展。结合教学内容，可以从情节生动的童话和故事引出问题、从游戏活动中引出问题、从知识的前后联系和矛盾冲突中引出问题、从知识的发展历程中引出问题、从直观演示或实际操作中引出问题等。通过富有情趣的情境让学生发现问题、思考问题和解决问题，从而享受到成功的乐趣。

三、重视合作探究，激发学习潜能

合作探究是教学的有效方法之一，它有助于培养学生的参与意识、合作意识和创新意识，激发学生的学习潜能。合作探究要在重点教学内容和学生容易发生错误的地方展开，其中一个重要指标是看有没有高水平的思维活动。学生独立思考能不能解决是一个很简单的问题，几乎没有多少思维价值，把它设计成探究性问题让小组讨论一番是不可取的。教师对学生讨论得到的结论或结果不展示、不评价、不纠错、不补充，只按照自己的思路再讲一遍，这样的课堂也没有价值。合作与探究性学习的主体是学生，要具有开放性，在课堂有限的时间与空间有效展开，必须合理分组，学习任务指向要明确，教师要有序组织。

1. 创设良好的探究情境

学生探究的积极性和主动性往往起源于新颖的问题、情境或材料，因此，在课堂教学中，尽量为学生营造仿真性的探究情境，帮助学生在真实的情境中，通过解决一些相对复杂、有挑战性的问题来达到思考和探究的目的。

2. 采用灵活的探究形式

探究形式通常有学生个人独立探究、学生临时以自愿组合的方式共同探究、既定的小组合作探究和大班集体探究等。课堂上可根据不同的探究需要采用一种形式或几种形式交叉进行。

3. 参与学生的问题探究

教师的参与是对学生的极大支持与鼓励，教师的热情对学生有强烈的感染力，它能激发学生的探究动机和探究热情，进而培养学生的探究意识和创新精神。

4. 促进学生交流互动

探究过程中，教师首先要做的是促进学生学习小组内部的交流与互动。其次，还应鼓励学习小组之间进行对话，并为这种交流互动创设有利条件。最后，教师还要组织好全班学生的交流互动，使全体学生在演示与观察、表达与倾听、质疑与争论、支持与反驳中得到全方位的收获。

5. 欣赏学生的探究活动

欣赏是一种肯定，是一种鼓励。每个学生都渴望得到老师的赞许，教师要善于对学生的探究活动进行恰当的鼓励和评价，并利用评价机制来有效地调控探究学习。

一节好的合作探究课就是要帮助学生找准问题、激活思维，使其通过解决问题真正有效地进行思考，从而提高学生分析问题和解决问题的能力。

四、尊重个体差异，满足学生的不同需求

学生的个体差异表现为认知方式与思维策略的不同，以及认知水平和学习能力的差异。教师要及时了解学情，了解教学效果，尊重学生的个体差异，满足不同需要学生的学习需求，有针对性地因材施教。

1. 切合学生实际，满足不同学生的学习需求

准确领会教材实质，不"舍本逐末"，不能落入"教教材"的俗套，"用教材教"而不是"教教材"。教材中有些"探究""探究与发现"的问题或习题中的部分难题仅要求有学习余力的同学去做，不要求全体学生都去完成。

2. 因势利导，分层次教学，尊重学生不同的认知水平

尊重学生在解决问题过程中所表现出的不同认知水平。对学习有困难的学生，教师要给予及时的关照与帮助，鼓励他们主动参与学习活动，发表自己的看法，及时肯定他们的点滴进步，对出现的错误耐心引导，分析产生的

原因，并引导他们自己去改正，从而增强他们学习的兴趣和信心。对学有余力并对某一学科有浓厚兴趣的学生，教师要为他们提供足够的学习材料，指导他们阅读、自学和探究，发展他们的智力，提高他们的学习潜能。

五、构建新课堂观，培养学科核心素养

著名教育学家叶澜教授指出："课堂教学蕴含着巨大的生命力，只有师生的生命活力在课堂教学中得到有效发挥，才能真正有助于新人的培养和教师的成长，课堂上才有真正的生活。"课堂教学应被看作是师生人生中一段重要的生命经历，是他们生命中有意义的构成部分。课堂教学的目标应全面体现培养目标，促进学生多方面的发展，而不是只局限于认识方面的发展。基于这一认识，我们要以生命的层次，用动态生成的观念，重新全面地认识课堂教学，构建新的课堂教学观，它所期望的实践效应就是把"知识课堂"变为"生命课堂"。

1. 彰显课堂内涵

课堂要突出学科特点，教学设计力求本质化、过程化、生活化和显性化。

本质化：返璞归真，努力揭示知识的形成和发展过程，透过形式的表达，提炼规律和思想。

过程化：透过结论去看知识的发生过程，经历知识的再发现、再创造，培养思维、发展能力。

生活化：借助教材提供的丰富实例，结合实际，对教材进行生活化的加工，还原知识的实际背景。

显性化：将抽象、深奥的知识用通俗易懂、喜闻乐见的方式表达出来，完善学生的认知结构，让知识系统化，解释隐藏在具体知识背后的思想及潜在价值。

2. 课堂不要太"做作"

不要把课堂导入看得太重，把课本内容揉得太碎；不能把教学节奏掐得太紧，表演欲望不能太强烈；避免信息技术泛滥，防止转移学生的关注点；杜绝破坏课堂的学科味，影响思考主体性；课堂上让学生敢说话、说真话，教师不要唱"独角戏"。

3. 课堂力戒"作秀"

戒"秀"课堂气氛，戒"秀"教学模式，戒"秀"学生活动，戒"秀"

多媒体课件。

4. 课堂追求实效

课堂上要让每个学生在每个时间段都有事做；让每个学生在每节课都能发现问题、解决问题；让每个学生在每节课都能获得美好的情感体验。

5. 跳出学科看教育

雅斯贝尔斯说："教育是人们灵魂的教育，而非理智知识和认识的堆积。"教育的功能不仅是传授知识、培养能力，更重要的是让学生形成兴趣、自信、好习惯和学会学习，感悟科学的精神和价值，厚植红色基因，弘扬中华优秀传统文化和民族精神，形成正确的价值观和人生观。

课堂锻炼人品，教学就是修炼。生命课堂不只是一种理念，也不只是一种教学实践模式，而是一种价值追求。课堂要以学生的进步和发展为宗旨，尽量让学生通过自己的猜想，经过自己的验证，不断产生探究的欲望，不断获得成功的体验，从而使学生的激情得到释放，身心得到发展。基于这样的理念与追求，教师只有把自己当成学习者，与学生一道完成教学，课堂才能激发出智慧的火花，影响学生的心灵与人格，焕发出生命的活力和情感的张力，在学生的心田绽放出绚丽的花朵、内心建构一方精神的乐园。

品读经典　汲取教育智慧

一、不忘初心，秉持教育情怀是最高尚的师德

做一个有教育情怀的教师，是教育者的初心。"人民教育家"于漪有一句名言："一辈子做教师，一辈子学做教师。"她的公开课多达 2000 多节，其中近 50 堂公开课已成为教师教学研究和培训的经典。于漪老师上每一堂课都是用生命在歌唱，用生命在实践。她说："教师的生命是在学生身上延续的，教师的价值是在学生身上体现的。"三尺讲台是我一辈子钟情的地方，我崇高的信念是做一个合格的中学教师。于漪老师的教育生涯，以专业自信塑造专业自信，以师者情怀激荡师者情怀，是对教育情怀的完美演绎。

人常说：教育是良心活。什么是良心？良心就是热爱课堂、仁爱学生，专业精湛、有责任心。一个优秀的人，会影响周围的人积极向上。作为教师你可能改变不了什么，但能影响学生健康的成长。

二、因材施教，设计适合学生自身特点的教育途径

孙悟空是一只顽皮的猴子，但菩萨、唐僧等人仍愿意教导他，才有了他成佛之路，做教育也一样，不能因学生的缺点而放弃这名学生。而是要找到其优点，一步步引导他们。

苏霍姆林斯基认为，要让不同的学生达到同样的知识水平，他们所走的道路是各不相同的。教学要承认学生差异，根据学生独立的人格特点和心灵世界，激发学生积极参与课堂活动的欲望。在对学生的教育过程中，让不同的学生有相应的提升和发展，采用不同的评价方式和标准衡量学生。公平对待每一位学生，尊重他们的人格，包容他们的缺点，从内心深处关爱他们，努力使每一位学生都能"天生我材必有用"。

三、齐抓共管，形成教育合力，促进学生健康成长

在西天取经的路上对孙悟空进行教诲，不仅仅是唐僧的职责，其他人对孙悟空也有指引和教育的作用，是一股不可忽视的教育力量。他们的作用与社会、家庭和学校对学生的教育相似，只有齐抓共管，多方引导，学生才能成人、成才。

世界万物是相互依存、相辅相成的。学校和家庭就像水渠的两壁一样，能够影响学生走上健康之路，流向缤纷的社会。学校、家庭和社会承载着不同的教育功能，三者相互依存，相互配合，互相作用。只有做到离校不离教，形成良好的全员育人氛围，才能使孩子们在校做个好学生、在家做个好孩子、在社会上做个好公民。

四、信任尊重，构建良好的育人生态，培养学生高尚的人格

教育如果带有欺骗性，就失去了诚信。诚信缺失，学生的人格就得不到尊重，他们就会抵御教导，产生极大的逆反心理。这样的话，学生会对教师没有敬畏之心，教育的功能会逐渐丧失。

教育学生也一样，不能用欺骗、冷落等教育方式，而应采用信任、尊重等教育方式。

讲台不是上尊下卑的界线，学生有自己的人格和尊严。他们渴望得到老师的尊重、肯定和赞许。老师若走进他们的学习和生活的真实世界，倾听他们的想法、建议和意见，理解他们不成熟的思想，学生就会更容易明白、理解和接受老师的教育方式和思想。诚信育人，这是教育的底线。教育要在尊重学生的言行举止中，让学生体会到老师对他们的关心和爱护。然而，尊重学生的人格，不是让他们自由地、不受约束地形成和发展他们的人格，而是在老师爱心的引导下，使学生自觉地形成和发展健康的人格。

学生接受教育的过程，是一种人格完善的过程。教师不仅要传道授业解惑，教给学生知识，还要教导他们怎样做人。学生犯了错，老师要怀有宽容之心，该批评的就善意批评，该规劝的好言相劝，该谅解的就诚心谅解。老师慈祥的面孔、温柔的笑容、亲切的言语、文雅的举止，以及善解人意的目光比声色俱厉的严格更能贴近学生的心理，更能取得学生的赞同。

五、适度惩戒，树立规矩意识以约束学生的不良行为

表扬用尽极致，教师就会失去批评学生的权力；教育丢掉惩戒，学生的不良行为得不到约束，教育就会变得苍白无力。

针对全社会较为关心的教育惩戒问题，教育部 2020 年 12 月 29 日颁布了《中小学教育惩戒规则（试行）》（教育部令第 49 号，以下简称《规则》），《规则》将于 2021 年 3 月 1 日起实施，文件明确了老师的"惩戒权"。在有必要的情况下，三种教育惩戒被允许实施。这也意味着老师手里那把无形的"戒尺"，终于要回来了。

俗话说：无规矩难以成方圆。严师出高徒，一个懂得惩戒的老师，才是真正对学生负责的老师。爱之深，责之切，关键时刻老师的一句批评、一场惩罚，也许能改变学生的价值观和一生的命运。没有惩戒的教育一定不是好的教育，适度惩罚才能让教育变得更有力量。

叶圣陶先生曾经说过："教育是农业而不是工业。"意思是工业是按规定的标准和工序，将原材料制造成产品；农业却是将种子播到地里，给它充分合适的条件（水、阳光、空气、肥料等），让它自己发芽生长，开花结果，教育的性质类似农业。学生在一天天的长大过程中，难免存在成长的烦恼。为学习，为生活，为朋友，为家庭，甚至为一件小物品、某人一句话等感到烦恼，出现困惑，甚至困扰。教师多留心，多观察，多关心，帮助他们解决各种困惑、困扰，指导他们如何学会学习、学会休息、学会自强自立、学会处理人际关系，让学生健康、快乐地成长。

文化育人　润物无声

——赴福建考查学习体会

习近平总书记指出："文化自信是一个国家、一个民族发展中更基本、更深沉、更持久的力量。""向上向善的文化是一个国家、一个民族休戚与共、血脉相连的重要纽带。"学校文化是一个学校的底蕴和名片，是通过一代一代的教育人和学子薪火相传、沉淀下来的正能量，具有自身独特的价值观、信念、语言、环境和制度的文化特质。优秀的学校文化具有导向功能、凝聚功能、规范功能，从而达到培根铸魂，激励学子勤学求真，崇尚科学，向善弘毅。

一、弘扬校史，以史育人

校史是学校文化的血脉和基因；校史是学校的一本历史教材。名校历史源远流长，有厚重的文化积淀，学生了解学校的历史就是接受学校的文化熏陶。

福建仙游第一中学坐落于仙游县城东北隅的金石山，大蜚山屏其后，木兰溪绕其前，奇木翁郁，松石林立，风光幽雅秀丽。自古为登高览胜、读书讲学之圣地，尤以其悠久而丰厚的文化积淀而闻名遐迩。

金石山，教泽绵长，书声不断。南唐升元年间，吕祖仙宫内即设帐讲学。北宋庆历年间，著名学者陈襄在仙宫西厢授徒课经时间，道者千余人，襄独赞傅楫"金石人也"。山因此得名，石篆"敲金戛石，巅有文魁阁"。现学校校训"敲金戛石，弘毅拓新"由此而来。

南宋绍兴二年，理学大师朱熹到此讲学，元至正年间，傅氏族人在此兴办"匾之以金石"的学堂。明天启三年，名士唐大章与福清名儒陈濂等在此讲学二十余年。

明尚书郑纪曾赋诗曰："载酒临金石，登高逸兴开。闲穿松下屐，拼醉菊前杯。城飚吹花去，山云带雨来。何须寻海外，此地即蓬莱。"在郑纪心中金石山胜过蓬莱仙境。

自唐至清，金石山讲学授徒风气之盛，既为当时仙游重教兴学、书堂林立之缩影，亦是仙游科甲蝉联、簪缨鼎盛、人文炳蔚之根由。

清乾隆十四年（1749），仙游知县陈兴祚在金石山兴建金石书院。光绪二十八年（1902），金石书院奉诏改办仙游官立金石小学堂，开仙游新学之滥觞，实为仙游第一中学之前身。尔后，校名几经更迭，然金石铭训则一脉相承。

金石山自古以来就是莘莘学子梦寐以求的读书胜地，浑厚的文化气息感染着一代代学子，是一个读书的好地方。

二、挖掘遗产，世遗育人

校本课程之根何在？本土文化遗产是学校课程开发的重要资源。武夷山于1999年12月被联合国教科文组织列入《世界遗产名录》，成为全人类共同的财富。武夷山第一中学，利用武夷山特有的地域优势并结合自身实际，确立了以"世遗育人，求真向善"为主题的办学特色。

学校形成了以校本课程和丰富多彩的活动为载体的教育形式，不断加强理论研究和对外交流，并及时总结完善，多方位教育提高学生综合素质，培养学生爱家乡的情怀、宣传世遗文化、保护世界遗产的意识。

学校开发了一系列以武夷地域、武夷文化为主题的校本课程，让学生在可闻、可见、可视、可近的知识内化过程中受到世界"双遗产"的教育。积极开展丰富多彩的校内外主题活动，把宣传世界遗产的责任感、保护世界遗产的使命感注入学生的心灵。

三、歌颂英雄，励志人生

优秀校友不仅是母校的骄傲，更是一笔宝贵的育人资源。福建省的一些名校非常重视优秀校友的宣传，校史馆有三分之一部分记录着著名校友的生平、奋斗史和成就，每一届学子都会来到这里瞻仰，激励他们爱国爱家乡，发愤读书，感恩母校的情怀。他们的校长说，这里是我们文化的传承，也是学校德育教育的基地。

文化是一个学校的灵魂，这种灵魂一旦植入学生心灵，就会产生强大的动力。文化如春雨，润物无声育桃李，让我们坚定地行走在文化自信的道路上！

新课程、新教材、新高考背景下
校长的核心领导力

领导，一是领：引领、牵领，给部下指引方向，让部下知道往哪走；二是导：教导、指导，给部下解决方法，让部下知道怎么走。领导力是领导者以个人的人格魅力为基础，以行政职权为条件，对周围的环境、组织和成员产生的一种影响力。校长领导力是校长带领团队实现学校发展目标的能力。

校长领导力不是指单方面的某一种能力，是包含校长的价值理念、办学思想、学识、人格、情感、意志等综合素质，是驾驭、引领、发展学校的综合能力。

新高考背景下的课程改革使学校面临三大挑战：学生发展指导、选课和走班教学，以及学生综合素质评价。这三大问题首先触动的是校长的"神经"，挑战的是校长的领导力。那么，在新高考背景下的课程改革中，面对上述问题，校长应具备哪些核心领导力呢？

一、丰富学校课程，实现学生个性化发展

新高考充分尊重学生的学科选择，作为校长要研究自己学生的爱好和兴趣，让课程多样，学校有特色，满足不同学生的不同选择。教学中遵循有教无类、因材施教、人尽其才的规律，让每个学生朝着可能的方向发展，做最好的自己。

二、变革课堂教学方式，发展素质教育

《中国高考评价体系》提出"一核、四层、四翼"，明确指出了为什么考，考什么，怎么考的问题。高考命题背景聚焦"五育"，突出核心素养的考

查。因此，课堂教学要以学科核心素养为纲，完成由知识传授向核心素养培养的转变。改变学生学习模式，让课堂真正从"教书"走向"育人"。

三、引领教师专业发展，培养一支高水平的教师队伍

校长是教师专业发展的指导者、引领者和实施者。在课程改革的实践探索中，校长要亲力亲为，积极参与制定课程建设的制度保障，对学生进行理想引导、心理辅导、学习指导、生活指导、生涯规划等。以自身扎实的教学基本功和教学研究能力指导教师学习专业知识，开展教学研究，改进教学方法，不断提升教师课堂教学水平，促进教师的专业发展。

四、具有教育情怀和文化自觉，把课程改革扛在肩上

一个好的学校应当有一位充满教育情怀、爱读书的校长，可以带领教师自觉学习，研究教学；应当有饱含仁爱之心、热爱教育的教师引导学生读书、学习，为学生的发展贡献自己的才智。校长没有情怀和信念就缺少了格局，很难在新高考中有所作为，也就谈不上素养目标下高考质量的提高，立德树人就是一句空话。

五、勇于担当，敢于负责

校长的担当是一种个性，这种个性不是张扬，更不是"桀骜不驯"，是一种创造力和创新精神；是一种思想，这种思想是学校的办学理念和前进的导航；是一种行动，这种行动是亲身实践的、带头示范的；是一种成长，这种成长是发展自己、影响教师、感染学生的是一种能量，这种能量是沉淀学校文化内涵，助推学校高质量发展的。

有一句谚语说得特别形象：再大的烙饼，也大不过烙它的锅。校长的格局决定学校的高度，校长的魄力决定学校课程改革的成败，新高考背景下的课程改革赋予了校长新的使命和责任，这就是校长的课程领导力和担当意识。

教育需要情怀

陶行知先生说："捧着一颗心来，不带半根草去。"这句话表达了一名教师热爱教育、热爱学生、奉献教育的高尚品质，这种品质就是教育之精神、教育之情怀。

教育情怀是一种品质，源于领导的支持，社会的重教，家长的关心，最终结于教师的乐教。

一、教育情怀，一种担当的精神

一个人有了担当，他就会有作为、有责任心，他的生活就会闪光；一个人有了责任心，他在别人心中就如同一座山峰，不可移动；一个人有了责任心，世上就没有战胜不了的困难，就会创造出奇迹。

教育的发展与传承离不开领导的理念和格局、敢于作为和勇于担当。梁启超先生说："人生于天地之间，各有责任。知责任者，大丈夫之始也；行责任者，大丈夫之终也；自放弃其责任，则是自放弃其所以为人之具也。"领导者不仅要知道自己之责任，而且要行自己之责任。无责任担当，何谈教育情怀？

二、教育情怀，一种对教育深沉的爱

甘肃省第一届陇原名师闫桂珍老师从教三十多年来坚持用自己微薄的工资和政府发给她的奖金资助贫困学生。她常说，我离不开学生，看到学生就喜爱，看到贫困学生因经济困难上不起大学，我就心痛。正是这种对教育的热爱，铸就了闫老师高尚的人格品质和大爱的教育情怀，使其成为甘肃教师的一座丰碑。学生亲切地称呼她为"闫妈妈"，同学们说得最多的一句话是，不好好学习对不住他们的闫妈妈。

三、教育情怀，一种对专业无止境的追求

《尚书·大禹谟》言："惟精惟一。"王阳明在《传习录》中说："'惟一'是'惟精'的主意，'惟精'是'惟一'的功夫。"这些都在告诫我们：这世间所有成功都如庖丁解牛一般，要把心思镇定下来，抵抗诱惑、坚持不懈，一心一意地把一件事情做到极致。

日本影片《入殓师》里有这样一段话，"当你做某件事的时候，你就要跟它建立起一种难舍难割的情节，不要拒绝它，把它看成是一个有生命、有灵气的生命体，要用心跟它进行交流。"专业、专注、追求极致、一丝不苟、精益求精，就是做事的情怀。

有人说，教师放弃对专业的追求，意味着毁灭。要想成为一名优秀的教师必须潜心提升专业，让思想保持活力；执着追求专业，让智慧得以启发；勤于读书学习，让人格滋养正气。百尺竿头不难立，一勤天下无难事，教育的最大情怀就是孜孜不倦地专注于专业发展。

四、教育情怀，一种不计名利的奉献

汉刘向《说苑》曰："万物得其本者生，百事得其道者成；道之所在，天下归之；德之所在，天下贵之；仁之所在，天下爱之；义之所在，天下畏之。"《我爱你，祖国妈妈》中有这样一句话："试问大海碧波，何谓以身许国？青丝化作白发，依旧铁马冰河。"任正非在接受采访时说："我个人也到过尼泊尔珠峰5200米的地方，去看附近村庄的基站，我说过，我若贪生怕死，何来让你们（华为员工）英勇冲锋？"一位老人，坚忍不拔，不畏艰险，他是华为的旗帜和标杆，这面旗帜书写着：奋勇拼搏，不计名利，无私奉献。

"人民教育家"于漪说，选择了教师就选择了高尚，因为你要培养学生做人，你自己首先要做人。我们要培养顶天立地的人，首先自己应该努力成为大写的人。"大"是什么意思？张开双手，拥抱世界，心中不能只有自己。教育情怀是对教育的一种持久的、无法割舍的特殊感情，是对教育发自内心的热爱和忠诚。作为教师，要始终有一种对教育的热爱、执着和追求，用强烈的事业心、进取心和责任心兢兢业业地工作，培养学生健全的人格、独立的精神和文明的行为。

给新入职教师教育教学的几点建议

一、课堂教学中的问题

1. 学科底蕴不足

学科底蕴主要表现在以下几个方面。

（1）对教材相关背景缺少交代，造成学生对知识理解的不足。

（2）对教材整体把握能力欠缺。

（3）概念交代有瑕疵，出现知识性错误。

（4）重点把握不准，课堂重心偏离。

（5）学科思想不突出，没有突出对学生学科核心素养的培养。

2. 教学设计欠佳

教学设计欠佳主要表现在以下几个方面。

（1）教学目标的确定缺乏可操作性、可检测性。

（2）情景创设不真实，往往以模拟、假设方式出现，示例有极端例子，没有体现学科特点。

（3）讨论问题的时间不充分，设计的问题没有思维含量。有发言，没交流；有交流，没交锋。

（4）一些课有被课件捆绑的嫌疑，课件多、杂，看着课件讲述教学内容的现象比较普遍。

（5）板书太随意，缺乏设计。

3. 教师的主导作用发挥不好

教师的主导作用发挥不好主要表现在以下几个方面。

（1）教师语言缺乏准确性、学术性、学科性。

（2）课堂指令不清晰。教师在课堂上有指令，没有检查落实。

（3）教师提问随意，没有斟酌问题的价值和问题与问题之间的梯度，学生回答问题齐声吼。

（4）教师没有要求学生记笔记。

（5）教师方法点拨不到位，在讲题中"是什么"讲得多，"为什么"关注得少。

（6）教师该讲的问题没有讲深、讲透。

二、对教学的建议

（一）避免十种不良教学现象

（1）避免不研读《课标》和教材现象，抛弃由课件到教案，再到熟悉教材的备课模式。

（2）避免教学情景创设注重形式、淡化本质的现象。

（3）避免过多地拓展和延伸教学内容，拔高教学起点，淡化"三基"，忽视学科素养培养的现象。

（4）避免忽视文本素材，淡化教材图形、问题、情景、例题、练习题的现象。

（5）避免备课时把《课标》和教材置于第二位，在网络上搜集课件和教案进行改编、改造和加工，从而导致课件、教案、教材和学情"四张皮"的现象。

（6）避免学生在自主学习、合作学习、探究学习中参与度不高，指令不明确，问题无价值，"为活动而活动""为探究而探究"的现象。

（7）避免方法指导、点拨不到位，重解答，轻分析。忽视"如何想""从哪些方面去想""怎么想到的"等现象。

（8）避免淡化知识生成，对课堂生成性资源置若罔闻的现象。

（9）避免教学行为不规范、严谨程度不高的现象。

（10）避免过度依赖课件，约束、绑架和禁锢学生思想的现象。

（二）处理好五种关系

1. 教材与高考的关系

新课传授以培养思维、渗透学科思想为主，适度拓展，搞清楚"教什么""教到什么程度"等问题。高考复习时要注重"三基"，回归教材。

2. 课标与课件的关系

备课时先研究《课标》，结合《课标》读教材，然后再写教案，最后形成课件。

3. 讲解与练习的关系

教师的讲解要以指导、点拨为主，立足于讲方法、讲思维、讲错误、讲错因、讲防范等方面，防止把新授课上成习题课。讲解时间不宜太长，课堂上要给学生足够的练习时间，防止以讲代练、以练替讲等现象的出现。

4. 教材与拓展的关系

教材是重要的教学资源，教学时要认真对待教材中的每一篇文章、每一个材料、每一个知识点、每一道例题和习题，以课本内容为依据，培养学生关键能力，发展和提高学生学科核心素养。不能离开教材过度拓展，更不能淡化基本知识进行高考真题训练，每次考试难度系数控制在 0.65 左右为宜。拓展延伸要适度，不要在新课教学中过多选用高考试题，即使选择也要以基础题为主，做到教之有度、学之有悟。

5. 课件与教案的关系

教案、教材、课件、教法和学情要达成一致，不可以出现"五张皮"现象。杜绝教案与教材不符、课件与教案不符、教学过程与教案不符、教学方法与教案不符的现象。备课时要写好教案后再制作课件，不能先制作好课件后再书写教案，最后再通过教案来熟悉教材。

（三）规范六种教学行为

（1）教师仪态要大方，普通话要标准。语言富有情趣和幽默感，评价时对学生多鼓励。

（2）教学设计要对教学有较强的控制力，不能形同虚设，有较大的随意性。

（3）幻灯片的字体呈现得不能太小。

（4）教学意图要清楚，防止讲解与练习主次不分。

（5）语言表述要准确，有学科特色。

（6）言传身教，培养学生良好的学习习惯。教学中教师要规范作图，注重解题的规范性与条理性，板书要工整，要做学生良好学习习惯的典范。

三、持之以恒地优化专业发展

教师的专业发展只有起点，没有终点，是每位教师一生践行的命题。

（1）学习课标，研究教材，坚持做高考试题。

（2）征订教学杂志，阅读专业杂志和文学名著。

（3）积极参加教研教改活动，虚心向中老年骨干教师请教，多与有经验的教师交流。

（4）加强阅读积累，勤于反思，勤于写作。

（5）多听中老年骨干教师的课，吸取他人之长并能为我所用。

（6）敢于向课件"说不"，教师说的话不要写在课件上，教师要提前熟悉教学内容，特别是理科课堂，教学中力求不看教材、少看课件。

新入职的教师无论是专业素养还是教学经验都有明显的不足，需要学习的东西很多。要想使自己成为一名优秀的教师，必须从现在开始，认真阅读教育教学理论专著，学习先进教学理念，借鉴他人成功的教学经验，持之以恒地优化专业发展。

教学篇

　　课堂锻炼人品，教学就是修炼。每个细节里都渗透着教师对学生细微的关爱，每一次交流中都潜藏着学生对教师无尽的信任。

　　这里是生命对生命的温暖，

　　这里是心灵对心灵的滋养。

　　这里是思想和思想的碰撞，

　　这里是智慧对智慧的启迪。

　　传道有术、授业有方、解惑有法是教师的追求；

　　听得懂、悟得透、用得实是学生最大的幸福。

　　从教书到育人，用动态生成的观念构建新的课堂教学观，把知识课堂变为生命课堂，实现真正意义上的教学理念转变。

根植课堂，培养数学核心素养

新课程、新教材和新高考有一个共同指向：聚焦学科核心素养。教材承载学科核心素养，新高考考查数学核心素养。落实数学核心素养①，离不开"四基"②"四能"③，因此课堂是发展数学科学精神、培养学生应用能力和创新意识、形成和发展学生数学核心素养的主阵地。

一、学科核心素养是课堂教学的目标指向

学科教学承载着落实立德树人和发展素质教育的功能。素质教育不是外加的，而是融入一门门学科的内容、过程和评价中。因此，培养核心素养（关键能力、必备品格和正确的价值观）是实施素质教育的主要途径，学科核心素养就是课堂教学的目标。

1. 以学科核心素养为纲，实现从"教书"向"育人"教育理念的转变

韩愈《师说》曰："师者，传道受业解惑也。"道，就是真理。传道，就是传播真理。传播真理的老师必须明白真理，实践真理，不能说一套做一套。否则，他就没法传播真理。核心素养是落实立德树人根本任务的操作化，是课程育人的强力抓手。基于核心素养的教学要求学科教学为学生打下烙印，教师不仅仅是传授基础知识与基本技能，更要以知识为载体，培养学生成为有理想、有思想、有本领、有担当、有情怀、有责任，能够造福人民的人。

---

① 数学核心素养：数学抽象、逻辑推理、数学建模、直观形象、数学运算和数据分析。
② "四基"：基本知识、基本技能、基本思想和活动经验。
③ "四能"：发现问题、提出问题、分析问题和解决问题的能力。

2. 以学科核心素养为纲，实现从"外压"向"内生"学习动机的转变

受应试教育的影响，当下高中生的学习"动力"有两点：一是外压。二是诱惑。

兴趣是学习的源动力，适合才有利于学生充分发展。作为校长，需要静下心来研究自己的学校、生源，办不一样的学校；对于教师而言，指导学生学会选择、发现兴趣、找到潜能、悦纳自己、读懂自己。

3. 以学科素养为纲，实现由"知识"向"素养"课堂模式的转变

实现由传授知识点向培养素养转变的关键在课堂，课堂要让学习真正发生，从自主学习和活动向学科核心素养的转化。课堂不再是单一地传授知识和解题指导，更需要问题、冲突、甄别、思辨、感悟、体验、试错、遐想等元素，形成情境→问题→行动→生成的教学逻辑思路。

二、加强深度学习，培育和发展数学核心素养

基于核心素养的教学有哪些特征？现在的教学方式哪些是符合核心素养培养指向的？哪些又是阻碍学生核心素养发展的？什么样的教学方式才是基于核心素养的教学？也许答案是丰富多彩的，但有一点是必然的，那就是根植深度学习。深度学习是指在教师的引领下，学生围绕具有挑战性学习的主题全身心积极地参与，体验成功，获得发展的、有意义的学习过程。通俗地讲，深度学习就是采用多层次的分析不断引出新思考，由旧知识引发新知识的学习过程。

数学家华罗庚说："先把书读厚，再把书读薄。"读厚的过程是以教材为载体，创设情境、设计活动，在活动的参与中让学生思辨、表达、认识，从而获得"四基"。通过问题导向、行动实施给课堂输入观察、比较、分类、概括、分析、解释、假设、探究、预测、设计、推理等元素，逐步形成"四能"；把书读薄的过程就是学生通过学习获得本领，即形成学科核心素养。

学科深度学习的过程是把书先读厚再读薄的过程。在这一过程中，课堂教学突出表现为生成性资源的开发利用，学科本质的回归，结果生成的经历、体验、变式、引申和问题导向的任务驱动。

1. 进行有限教导，让学生充分地参与教学

就学生在教学过程中的投入程度来讲，深度学习是让学生充分参与教学过程时进行的学习，因此，教师只能进行"有限教导"。在教学中，教师必须尽力控制自己讲授、指导的时间，给学生充足的学习时间。一方面教师要少讲，以便给学生足够的学习时间；另一方面教师要隐身，以便让学生全身心地投入学习。

2. 进行多元教导，让学生生动活泼地学习

就学生在教学过程中的认知状态看，深度学习是让学生生动活泼地进行学习。不论如何，教学过程主要还是一个知识学习的过程。教学不能让知识僵化，要让它生动活泼起来，因为生动活泼地理解和创造性地运用知识才能有效地发展学生智力，培养学生能力，形成核心素养，否则学生获得的只是惰性知识。为了让学生生动活泼地学习知识，教师应该进行多元教导，实现教导的灵活化。

3. 进行情感教学，激发学生积极的情感体验

就学生在教学过程中的体验来看，深度学习是伴随积极情感体验的学习。带着情感去学习，不仅可以增进学生对知识的理解，而且能够让知识深入学生的内心，进而达到改造思想、形成信念的目的。

4. 基于真实情境进行问题教学

核心素养离不开知识和技能，但单纯的知识和技能又不等于素养。只有当知识和技能在复杂的情境中，用于解决实际问题时，所形成的知识和能力才是核心素养。因此，苏州市教科院提出了教学即情境的教学主张，教师在课堂教学中要着力构建真实的、复杂的，甚至是两难的情境，在情境中建构知识，在情境中实现知识的迁移和问题的解决。以问题为引领，驱动学生积极思考，观察学生学习方式，研究他们的学习心理；以问题为抓手，培育学生发展性思维；以情境为背景，构建科学的学习方法和研究方法，彰显数学的学科本质，让课堂变得有情感、有温度、有灵魂、有生命力。

三、开展单元教学，培育和发展学科核心素养

单元教学是以一个单元为一个整体，引导学生从整体入手，整体把握并

紧扣单元项目，把相关知识连为一条教学线索，使单元整体运转。

单元教学的核心是学习，学生主动地学习。在课堂教学中，一方面教师要制定以素养为导向的学习目标，通过设计微专题，构建学科框架，整合交汇知识间的联系，迁移、探究等有效的教学活动来完成学习项目。另一方面学生要从单个知识点的学习中跳出来，对课程进行整体认识，变一个问题为一类问题，做到一类一类地分析问题和解决问题。例如，在三角函数教学中，学生通过学习正弦函数和余弦函数获取的研究方法来解决正切函数的图象和性质，最终获得解决周期函数问题的方法。

单元教学充分体现了以学生为主体，表明了学生是学习和发展的主人。引导学生自主学习、自主探究、主动发展，注重学生能力的提升和学科素养的培养，学生能够进行自主实践活动，使学生个体的主体性得到很好的尊重和展现。

四、突出思维训练，培育和发展数学核心素养

清代曾国藩说："山臊不崩，唯石为镇。"其意为高山上的泥土经常脱落流失，而山却不倒塌，是因为山有坚硬的岩石在支撑着它。高考试题如何布局，载体为何种情境并不重要，重要的是我们的教学使学生的思维得到培养、思维能力得到提升。经过教师的点拨、引导、培养，学生思维能力达到一定的高度，不论试题如何命制，它就如岩石一样支撑着学生应对千变万化的考题。从高一开始注重培养学生的思维，加强阅读和运算能力的训练，脚踏实地、一步一个脚印地培养学生解决问题的能力，其实就是在培养学生的学科核心素养。

核心素养的培养要求教学中要善于捕捉学生思维存在的问题，找准学生思维线索，沿着他们的思维提出新的问题，并对其表述做专业点评，让课堂功能转变真正发生，其归宿是为学生的终身发展奠基，进而实现由读书到做事再到做人，形成学生优秀的品格，使他们成为对国家、对社会有用之人。

五、还原课堂质朴本色，培育和发展学科核心素养

教学的本质是以促进学生身心、认识和人格发展为目的，指导学生进行

有效学习的活动。课堂教学不仅是教教材，更是对课堂生成性资源的利用、学习和评价，使学生在体悟、建构和表现的学习活动中达成对知识的认知和学科素养的形成。

1. 大道至简——课堂形态回归本真

高中阶段的学习中，许多同学觉得数学很难学，怎样使数学学习变容易呢？数学家张景中院士认为，把数学变容易的基本方法是简单了就容易、熟悉了就容易、想通了就容易、直观了就容易。大道至简，最一般的道理应当是易于表达和理解的，在教学中就是让学生经历知识、回归自然。经历是一种体验、一种感悟，是一种符合认识规律的自然学习过程，其基本出发点是提高学生参与度，引导学生动眼观察、动手操作、动口表述，让学生经历知识的来龙去脉，再现科学家的思维发展过程，把知识返璞归真地教给学生。

2. 大智若愚——教师思维还原稚化

我们在教学中常抱怨，讲了几遍学生怎么还不明白，这么简单的题都不会做，改错多少次了为啥还出错。究其原因，主要是我们的教学偏离了学生的认知水平，没有考量学生的学习能力和接受程度，造成教与学"两张皮"的问题。教学是否有实效，关键在于你对学生的学习状况掌握多少，对学生的学习水平研究的程度了解多少。因此，教学要站在学生的立场，思考教材和教学方法如何有效融合，思维始终要与学生保持同步。教师要融入学生的学习情况，从学生学习中摄取教学资源，善于利用学生学习中出现的问题开展教学，在交流中碰撞思维、呼唤心灵，让课堂充满灵动。

3. 大成若缺——教学时空留有余地

课堂上我们要给学生留有足够的时间和空间去思考问题，弄明白学生表达的是什么意思；鼓励学生大胆表达自己的观点，激发他们的自信心；更要让学生讲真话，说想法，不要过多地揣摩教师的意图。

4. 遵循规律——教学符合认知特点

回归教材，让学生循序渐进地学习课本内容、准确理解知识。杜绝题海战术，防止课还未展开就进行解题训练，让学生去做高考试题不是培养学生的思维，而是让学生思维降级、陈式化。教学时要注重挖掘教材内涵，从学生实际出发，重视思考，让学生感悟和经历知识学习。

　　走班、选课是新高考的形式，核心素养是教授新教材的导航。新高考倡导学生学得轻松，教学以核心素养为主，使教师成为"育人"型教师；作业多，学生负担重，教学效果差的"低效"型教师终将被淘汰。填鸭式教育的时代过去了，有教无类、因材施教、人尽其才才是教育核心素养的体现。教育呼唤让不同学生有不同的发展，这才是教育价值的所在。

认知新教材，提升教学实效性

新教材正式实施后，许多数学教学内容发生了变化，特别是湘教版数学新教材，知识的呈现方式与我们以前教授的人教版和北师大版教材有所差异，这些差异对学生掌握知识的程度、教师的教学方式和教学效果会产生一定的影响。那么，在数学教学中，如何以教材为载体，形成和发展学生的学科核心素养、提升教学的实效呢？下面以湘教版数学教材必修1为例，结合自己的教学实践，谈谈教学的感悟和做法。

一、准确领会教材意图，明确"可以教"和"不可教"

湘教版教材高度重视逻辑结构的严密性，注重内容描述的科学性和准确性，许多结论都需要严谨的证明，导致学生学不会。因此，在备课时，我们首先要研读教材，明确编者编写每一节内容的思想、意图，弄清楚为什么要这样编写教材内容，再结合学生的实际情况确定能不能这样教？到底应该如何教？不要让教材捆住我们的手脚，使我们的教学思维固化。

例如，4.2.2《指数函数的图象和性质》，教材对指数函数图象和性质的编写不是先让学生用描点法作图，然后去分析图象的特征，得出函数的性质，而是通过下面推理论证的方法得出函数的性质。

由于任意非零数的零次幂为1，即 $a^0 = 1$，可见任意指数函数的图象都经过点（0，1）；由于正数的任意次幂仍为正，所以任意指数函数的图象都在 x 轴上方。由前面学习的幂运算的基本不等式可得：

对任意的正数 $a > 1$ 和两数 $r > s$，有 $\dfrac{a^r}{a^s} = a^{r-s} > 1$，即 $a^r > a^s$.

对任意的正数 $a < 1$ 和两数 $r > s$，有 $\dfrac{a^r}{a^s} = a^{r-s} < 1$，即 $a^r < a^s$.

可见对 $a>1$，指数函数 $y=a^x$ 在 $(-\infty,+\infty)$ 上单调递增；对 $0<a<1$，指数函数 $y=a^x$ 在 $(-\infty,+\infty)$ 上单调递减。

当 $a>1$，$h>0$ 时，对任意实数 u，有 $a^{u+2h}-a^{u+h}=a^h(a^{u+h}-a^u)>a^{u+h}-a^u$，可见 $a^{u+nh}-a^u\geqslant n(a^{u+h}-a^u)$，这表明：对 $a>1$，当 x 很大时，$y=a^x$ 可以大于任意的正数，$y=a^{-x}$ 可以小于任意的正数。由此可得指数函数的值域为 $(0,+\infty)$。基于这样基本的认识，让学生在作图之前预见指数函数图象的大致模样，最后作出指数函数 $y=2^x$ 和 $y=10^x$ 的图象。

教材这样编写的意图何在？在数学推理的指导下作图，对函数的性质会了解得更全面、更准确，达到培养学生科学理性的思维方式，增强逻辑推理能力的目标，让学生明白有限次观察只能产生猜想，猜想必须通过证明、验证才能成为规律。

高度重视逻辑结构的严密性，表述的完整性和科学性，这也是湘教版教材的特点之一。正因为如此，教材给学生的学习带来了难度，学生就现有的知识水平甚至无法理解一些推理。比如当 $a>1$，$h>0$，对任意的实数 u，有 $a^{u+2h}-a^{u+h}=a^h(a^{u+h}-a^u)>a^{u+h}-a^u$，可见 $a^{u+nh}-a^u\geqslant n(a^{u+h}-a^u)$。这里编者省去了证明过程，其实推理过程是很难的。

下面就这一结论证明如下：

当 $n=1$ 时，$a^{u+nh}-a^u=a^{u+h}-a^u$；

当 $n\geqslant 2$ 时，$a^{u+nh}-a^{u+(n-1)h}=a^{(n-1)h}(a^{u+h}-a^u)>a^{u+h}-a^u$；

$$a^{u+(n-1)h}-a^{u+(n-2)h}=a^{(n-2)h}(a^{u+h}-a^u)>a^{u+h}-a^u;$$

$$\cdots$$

$$a^{u+2h}-a^{u+h}=a^h(a^{u+h}-a^u)>a^{u+h}-a^u;$$

所以，当 $n\geqslant 2$（$n\in\mathbf{N}^*$）时，有

$$(a^{u+nh}-a^{u+(n-1)h})+(a^{u+(n-1)h}-a^{u+(n-2)h})+\cdots+(a^{u+2h}-a^{u+h})$$
$$+(a^{u+h}-a^u)>(a^{u+h}-a^u)+(a^{u+h}-a^u)+\cdots$$
$$+(a^{u+h}-a^u)=n(a^{u+h}-a^u).$$

当 $n\geqslant 1$（$n\in\mathbf{N}^*$）时，有 $a^{u+nh}-a^u\geqslant n(a^{u+h}-a^u)$。

上述证明教材用"可见"二字一带而过，可以看出证明过程对高一学生来说是很难的，学生的认知水平远没达到这个层次，甚至许多学生在老师讲解后也弄不清是怎么回事。那么，教材如此撰写是否有必要？教师这样教学

生可行吗？我们不妨看一看《课标》对指数函数的要求。

《课标》指出：①通过具体实例，理解指数函数的实际意义，理解指数函数的概念；②能用描点法或借助计算机画出具体指数函数图象，探索并理解指数函数的单调性和特殊点。可以看出对指数函数图象与性质的学习，《课标》并没有对性质给出严格的证明。因此，我们在教学中可以按照《课标》的要求，让学生用描点法作图，然后去分析图象的特征，得出函数的性质，把函数性质的证明留给课后，让有余力的学生进一步学习。

依据学生的实际情况处理教材内容，做到教之有度，明辨"可以教"和"不可教"，这样才可以教出教材的真正内涵。

二、进一步解读抽象概念，让抽象问题形象化

教材中有些概念的表述比较抽象和口语化，许多学生读一遍读不懂，甚至读几遍也不清楚该概念到底说了什么。对于这样的问题，在教学中，我们要用学生熟悉的具体例子、图形和通俗易懂的语言进行解读说明，帮助同学们理解数学知识。

例如，在 1.1.1《表示集合的方法》中，教材在说明什么是描述法时，表述为："把集合中元素共有的，也只有该集合中元素才有的属性描述出来，以确定这个集合，这叫作描述法。"这句话是比较抽象的，学生理解起来有一定困难，这就需要教师进一步进行解读：表示集合就是把它有哪些元素交代清楚。如不等式 $x - 7 < 3$ 的解是 $x < 10$，因为满足 $x < 10$ 的实数有无数个，如何把不等式 $x - 7 < 3$ 的解集中的元素交代清楚呢？我们可以利用描述解集中元素共同特征的方法，即 x 是实数且 $x < 10$，解集表示为 $\{x \in \mathbf{R} \mid x < 10\}$．一般地，设 $\mathbf{A}$ 是一个集合，我们把集合 $\mathbf{A}$ 中所有具有共同特征 $P(x)$ 的元素 x 所组成的集合表示为 $\{x \in \mathbf{A} \mid P(x)\}$，这种表示集合的方法称为描述法。

又如，教材对两个函数相等的表述："两个函数 $f(x)$ 和 $g(x)$，当且仅当有相同的定义域 $\mathbf{U}$ 且对每个 $x \in \mathbf{U}$ 都有 $f(x) = g(x)$ 时，叫作两个函数相等。"虽然这样定义函数相等很严谨，但是就高一新生现有的认知水平，理解起来还是有难度的。这就要求我们在教学中对教材的表述做必要的解释：如果两个函数 $f(x)$ 和 $g(x)$ 的定义域和对应关系分别相同，我们就称它们相等。

也就是说，即使两个函数的对应关系形式上相同，但定义域不同，那么，它们也不是同一个函数。

三、再现知识来龙去脉，让知识生成水到渠成

数学知识的生成有背景、有过程，这个过程就是依据一些具体的数学实例（如函数、数列和图形等），借助观察、分析、归纳、类比和概括等方式得出一般规律和结构。学生只有经历上述过程，才能深刻领悟所学知识是怎么来的；内容的本质是什么、能干什么。

例如，教材 3.2.1《函数的单调性与最值》指出："函数尽管千变万化，但函数值毕竟是实数，实数变化，无非是变大变小。要问函数的性质，首先在大小上做文章。大，大到什么程度，上面封顶不封顶？小，小到什么程度，下面保底不保底？"随后呈现一幅某报 2016 年 11 月刊登的上海证券交易综合股价指数（以下简称上证指数）一年多来的走势曲线图。并提出疑问：只靠眼睛观察得到的认识是不是准确的呢？例如，从有界限的图能看出函数值是无界限的吗？描点、连线、画图的可靠性如何保证呢？为此要用更严密的数学语言来描述函数的性质，接着给出函数的最值和单调性的概念。

分析上述过程，教材重在说明用严密的数学语言来描述函数性质的重要性。函数的最值和单调性的概念是如何形成的呢？教材做了淡化处理，学生缺少获取知识的经历、体验和感悟，不利于学生数学核心素养的形成和发展。

关于《函数的单调性与最值》的教学，我们设计以下更符合学生认知特点的过程。

（1）让学生画出二次函数 $f(x) = x^2$ 的图象，并引导学生发现图象上有一个最低点 $(0, 0)$，即 $\forall x \in \mathbf{R}$，都有 $f(x) \geq f(0) = 0$，然后得出一般性结论：如果有 $a \in \mathbf{D}$，使得不等式 $f(x) \geq f(a)$ 对 $\forall x \in \mathbf{D}$ 成立，就说 $f(x)$ 在 $x = a$ 处取到最小值 $m = f(a)$，称 m 为 $f(x)$ 最小值，a 为 $f(x)$ 的最小值点。仿照上面，同样可以写出 $f(x)$ 的最大值和最大值点的定义。

（2）观察函数 $f(x) = x^2$ 的图象不难发现：图象在 y 轴左侧部分从左到右是下降的，也就是说，当 $x \leq 0$ 时，y 随 x 的增大而减小。用符号语言描述，就是任意取 $x_1, x_2 \in (-\infty, 0]$，得到 $f(x_1) = x_1^2, f(x_2) = x_2^2$，那么，当 $x_1 < x_2$ 时，有 $f(x_1) > f(x_2)$。这时，我们就说函数 $f(x) = x^2$ 在区间 $(-\infty, 0]$

上是单调递减的。

图象在 y 轴右侧部分从左到右是上升的，也就是说，当 $x \geq 0$ 时，y 随 x 的增大而增大。用符号语言描述，就是任意取 x_1，$x_2 \in [0, +\infty)$，得到 $f(x_1) = x_1^2$，$f(x_2) = x_2^2$，那么，当 $x_1 < x_2$ 时，有 $f(x_1) < f(x_2)$。这时，我们就说函数 $f(x) = x^2$ 在区间 $[0, +\infty)$ 上是单调递增的。

（3）对二次函数 $f(x) = x^2$ 的单调性加以抽象定义，得出增函数和减函数的一般定义。

设 $f(x)$ 在 $\mathbf{D}$ 上有定义，任意取 x_1，$x_2 \in \mathbf{D}$，如果当 $x_1 < x_2$ 时，有 $f(x_1) < f(x_2)$。这时，我们就说函数 $f(x)$ 在区间 $\mathbf{D}$ 上是单调递增的。

设 $f(x)$ 在 $\mathbf{D}$ 上有定义，任意取 x_1，$x_2 \in \mathbf{D}$，如果当 $x_1 < x_2$ 时，有 $f(x_1) > f(x_2)$。这时，我们就说函数 $f(x)$ 在区间 $\mathbf{D}$ 上是单调递减的。

四、适当整合教材内容，符合学生的认知特征

教材是知识的载体，也是培养学科核心素养的抓手。不同版本的教材有不同的特点和不足，没有哪一本教材适合所有的学生。因此，我们在教学中要准确领会编者的意图，依据自己所教学生的实际情况对教材内容适当整合，使教材既好教又好学，使学生易于理解、易于接受，真正实现从"教教材"到"用教材"的转变。

例如，3.2.2《函数的奇偶性》，教材对偶函数、奇函数分别定义为：

如果 $F(x)$ 的图象是以 y 轴为对称轴的轴对称图形，就称 $F(x)$ 是偶函数。

如果 $F(x)$ 的图象是以原点为中心的中心对称图形，就称 $F(x)$ 是奇函数。

在上述定义的基础上，寻找函数 $F(x)$ 的图象关于 y 轴为对称轴的充分必要条件是 $F(-x) = F(x)$，并给出证明，从而得到偶函数就是满足条件 $F(-x) = F(x)$ 的函数。同理可证：奇函数是满足条件 $F(-x) = -F(x)$ 的函数。

概括上面的讨论得出：

如果对一切使 $F(x)$ 有定义的 x，$F(-x)$ 也有定义，并且 $F(-x) = F(x)$ 成立，则称 $F(x)$ 为偶函数。

如果对一切使 $F(x)$ 有定义的 x，$F(-x)$ 也有定义，并且 $F(-x) = -F(x)$ 成立，则称 $F(x)$ 为奇函数。

教材这样编写意图何在？其目的就是通过推理论证，得到偶函数就是满足条件 $F(-x) = F(x)$ 的函数，体现知识逻辑结构的严密性、科学性和准确性。

教材过分追求教学内容的严谨性会导致教学过程不够流畅，造成学生认识上出现误解和障碍。教材给出了奇函数和偶函数概念的两种定义，到底哪一个更科学？对于 $F(x)$ 为偶函数$\Leftrightarrow F(-x) = F(x)$ 的论证，学生是否可以真正理解？从函数图象的特征出发定义奇函数和偶函数概念是否合理？按照这样的思路，函数单调性能进行如下定义吗？

如果 $F(x)$ 图象从左到右是上升的，就称 $F(x)$ 是增函数；如果 $F(x)$ 图象从左到右是下降的，就称 $F(x)$ 是减函数。

基于上述分析，为了更好地用好教材，需要依据学情对教材内容重新整合。下面是笔者教学的一个思路，供大家参考。

（1）在同一坐标系中，画出函数 $f(x) = |x|$ 和 $g(x) = 2 - x^2$ 的图象，并观察它们有什么共同点？

学生不难发现，两个函数的图象都关于 y 轴对称。

（2）类比函数单调性，你能用符号语言精确描述"函数图象关于 y 轴对称这一特征"吗？

请同学们完成下表，观察相应函数值的情况。

x	…	-3	-2	-1	0	1	2	3	…
$f(x) = |x|$	…	3	2	1	0	1	2	3	…
$g(x) = 2 - x^2$	…	-7	-2	1	2	1	-2	-7	…

对于函数 $f(x) = |x|$ 来说，通过观察有：

$f(-3) = f(3) = 3$；$f(-2) = f(2) = 2$；$f(-1) = f(1) = 1$.

对于函数 $g(x) = 2 - x^2$ 来说，通过观察有：

$g(-3) = g(3) = -7$；$g(-2) = g(2) = -2$；$g(-1) = g(1) = 1$.

学生讨论得出：当自变量取一对相反数时，相应的两个函数值相等。由此可以看出，对 $\forall x \in \mathbf{R}$，都有 $f(-x) = |-x| = |x| = f(x)$，这时称函数 $f(x) = |x|$ 为偶函数。同理可得函数 $g(x) = 2 - x^2$ 为偶函数。

（3）通过上述分析，抽象得出偶函数的定义（略）。

（4）在同一坐标系中，画出函数 $h(x) = -2x$ 和 $k(x) = \dfrac{1}{x}$ 的图象，并观察它们有什么共同点？你能用符号语言准确地描述这一特征吗？

引导学生仿照偶函数的学习过程，得出奇函数的定义。

（5）从偶函数的定义出发，你能证明函数 $y = f(x)$ 是偶函数的充要条件是它的图象关于 y 轴对称吗？请写出证明过程。

（6）讲解教材例 4 和例 5，完成课本练习 1，2，3 题。

充分挖掘教材内容，依据一节课教学内容的特点把该节课整合成一系列问题，再引导学生去解决这些问题，在问题的解决过程中让学生获取知识、感悟数学思想方法。以问题为知识载体，把获得知识的过程转化为解决问题的过程，学生的主体作用就会得到充分体现，有助于提升和发展学生的数学核心素养。

五、删减难度较大的例题和习题，做到教之有度

湘教版教材设计的例题和习题普遍要求较高，有些试题拓展延伸的范围广、难度大，对于部分学生来说，新内容刚学完甚至还没有完全理解就去做一些较难的试题，达不到进一步巩固和理解知识的作用。因此，要用好例题和习题，我们在讲解例题和布置作业时一定要研判学情，删减部分难题，增加绝大多数学生思考后会做的基础题。不能让学生由于作业题难、不会做题而恐惧学数学，对数学丧失兴趣，甚至放弃数学，从而输在起跑线上。

例如，在新授课时，下面这些例题和习题（以必修 1 第 1~5 章为例）供有余力的学生学习，其他学生可暂时不做。

第 1 章《集合与逻辑》

1.1.1《集合》第 4 页练习第 2 题（3）（4）；习题 1.1 第 16 题；1.1.2《全称量词与存在量词》第 20 页练习第 1 题（3）；习题 1.2 第 4 题（4），5，9 题；复习题一第 13，14，15，18 题。

第 2 章《一元二次函数、方程和不等式》

习题 2.1 第 7，8，9，13 题；习题 2.2 第 3 题（2），4，7 题；2.3.1《一元二次不等式及其解法》第 54 页练习第 3 题；2.3.2《一元二次不等式的应用》例 8；习题 2.3 第 10，11，12 题；复习题二第 4，6，15，16 题（2）（3），17 题。

第3章《函数的概念与性质》

3.1.3《简单的分段函数》第75页练习第3题；习题3.1第10，12，13，16题；习题3.2第9，10，14题；复习题三第9，12，15，19题。

第4章《幂函数、指数函数和对数函数》

4.1.2《无理数指数幂》例7（2）题；习题4.2第7，11，13，14，15题；4.3.2《对数的运算法则》例6，第118页练习题第1题；习题4.3第12，13，16，18，20，21题；习题4.4第7，8题；4.5.1《几种函数增长快慢的比较》例2，第139页练习题第2，3题；习题4.5第6，8题；复习题四第9，11，19，22，23，26，27题。

第5章《三角函数》

5.1《任意角与弧度制》习题5.1第10题；5.2《任意角的三角函数》习题5.2第10，11，14题；5.3《三角函数的图象与性质》习题5.3第10，9，11，13题；5.4《函数 $y = A\sin(\omega x + \varphi)$ 的图象与性质》习题5.4第6，8题；5.5《三角函数模型的简单应用》习题5.5第3，5题；复习题五第4，14，15，18，19，20，21题。

六、循序渐进，防止教学急功近利和拔苗助长

湘教版教材对于教育不发达地区和薄弱学校的学生来说，无论是数学内容的呈现，还是习题的设置都普遍较难。如果不考量学生的实际情况和学习能力，照本宣科或毫无保留地按照教材内容授课，教学就会出现"夹生饭"现象，导致学生"消化不良"。因此，在教学中要立足《课标》的要求，适当降低教学起点，不要想着一步到位，更不要面面俱到，教材中一些较难的内容该放弃的就放弃，该后续讲解的就以后讲解，防止出现急功近利和拔苗助长的现象。

例如，4.1.3《幂函数》，对幂函数图象和性质的编写，教材应用幂运算的基本不等式，推出：

对任意的正数 r 和两个正数 $a > b$，有 $\dfrac{a^r}{b^r} = \left(\dfrac{a}{b}\right)^r > 1$，即 $a^r > b^r$.

对任意的负数 r 和两个正数 $a > b$，有 $\dfrac{a^r}{b^r} = \left(\dfrac{a}{b}\right)^r < 1$，即 $a^r < b^r$.

由此可以确定幂函数的增减性，再由幂指数的奇偶性得到正整数次幂函

数的奇偶性。

教材还用较大篇幅解释了负整数次幂函数、整数次幂函数和分数次幂函数，并给出了负整数次幂函数一个特点：其图象向上（下）与 y 轴正（负）向无限接近，向右（左）与 x 轴正（负）向无限接近。

同时指出上述结论无法用有限的图形来检验，但是可以通过幂运算的性质推理得知。最后总结得出实数指数幂函数的性质，在明确性质的前提下再去作 $y = x$，$y = x^2$，$y = x^3$，$y = x^{\frac{1}{2}}$，$y = x^{-1}$ 的图象。

这是教材关于幂函数图象和性质的编写思路，每一环节环环相扣，理由充分，的确很严谨。如果我们回过头来再看，这样的设计思路是不是提升了教学要求，导致学生理解起来困难，甚至学不会。《课标》对幂函数的内容要求是：通过具体实例，结合 $y = x$，$y = x^2$，$y = x^3$，$y = x^{\frac{1}{2}}$，$y = x^{-1}$ 的图象，理解它们的变化规律，了解幂函数。所以关于幂函数教学，先让学生用描点法作出函数 $y = x$，$y = x^2$，$y = x^3$，$y = x^{\frac{1}{2}}$，$y = x^{-1}$ 的图象，然后分析这些图象的特征，体会它们的变化规律就可以了。

教材承载育人功能，也是落实核心素养的主要载体和抓手。教师要准确领会教材的编撰意图，更好地把控教材的内容，真正做到用"教材教"，而不是"教教材"，对教材既要深耕细作，又要进退有度。

从学生的实际情况和真实学情出发，关注学生的身心发展与认知规律，研究《课标》，依据《课标》进行教学，构建合理有效的教学方案，打造高质量的数学课堂，培养学生的数学能力，发展学生的数学核心素养，这样才能达到课程育人的目的，从而促进学生的全面发展。

湘教版数学教材的特点及给今后教材
修订的几点建议

《普通高中数学课程标准（2017 年版 2020 年修订）》优化了课程结构，凝练了学科核心素养，依据《课标》要求，数学教材发生了很大的变化。为了更好地开展教学活动，教师要认真学习新教材，领悟编者的意图，挖掘教材、把控教材，从学生的实际情况和学情出发，构建有效的教学方案，培养学生的数学核心素养。下面以必修 1 为例，谈谈湘教版高中数学教材的特色。

一、湘教版教材特色

（一）应用问题"戏分"足

高考评价体系由"一核""四层""四翼"三部分内容组成。其中"四翼"为考查要求，即"基础性、综合性、应用性、创新性"，回答了高考怎么考的问题。因此，应用性问题是高中数学教学永远绕不过去的坎。湘教版教材编写了许多应用性问题，提供了丰富的教学资源。

1. 用数学语言描述生活问题

教材通过创设恰当的问题情境，引导学生用数学眼光观察问题、分析问题和发现问题，在此基础上运用准确的数学语言来描述生活问题，最终达到揭示数学知识本质特征的目的。

例如，2.1.1《等式与不等式》中，给出如图 1 所示的交通标识，用不等关系表示其含义。

本节例题 2：a g 糖水中含有 b g 糖，若再添加 m g 糖（其中 $a > b > 0$，$m > 0$）。生活常识告诉我们：添加的糖完全溶解后，糖水会更甜。根据这个生活常识，你能提炼出一个不等式吗？试给出证明。

图1

上述例子都是生活中常见的一些标识和现象，教材中诸如此类的问题很多，这样设计的目的是引导学生用数学语言去表达世界、用数学思维去思考世界。

2. 教材中融入了广泛的生活素材

运用数学知识解决实际问题是提升学生核心素养的重要途径，教材很好地贯彻了这一思想。教材在编写过程中强调运用所学知识解决实际问题，让学生不断体验用数学知识和构建模型方法来解决问题的过程。通过不断渗透应用性问题培养学生解决实际问题的能力，润物细无声地培育和发展学生的数学核心素养。

（1）教材中有许多应用性问题作为问题情境引入新课

例如，2.3.1《一元二次不等式及其解法》，教材指出许多实际问题都可以转化为不等式问题。

问题：某杂志每本的成本为3元，现定价为5元，发行量为10万本。杂志社为了扩大发行量，准备降低单价。据市场调查知道，若单价每降低0.1元，发行量就相应增加1万本。要使总利润不会减少，则杂志的定价应在什么范围？

通过前面学习的等式与不等式知识建立数学模型：

$(x-3)\left[10^5 + 10^5(5-x)\right] \geq (5-3) \times 10^5$，转化为求解不等式 $x^2 - 9x + 20 \leq 0$.

求得以上不等式的解集，就得到了问题的答案，引出本节课学习的课题：一元二次不等式及其解法。

把应用性问题植入新知识生成之中，既凸显出这节课内容的重要性，又使学生对一元二次不等式有了清晰的认识，知识的生成行如流水，对学习新知识起着承前启后的作用。

（2）教材设置了大量的应用性问题作为例题和习题

例如，第2章《一元二次函数、方程和不等式》设置例题、练习题和习题共计92道，其中应用题24道，占26.1%。第1节有练习21道，其中应用题 6 道；第 2 节有练习题 22 道，其中应用题 4 道；第 3 节有习题 49 道，其中应用题 14 道。第 4 章《幂函数、指数函数和对数函数》中指数函数和对数函数这两部分内容设置例题、练习题和习题共计 93 道，其中应用题 20 道，占 21.5%。

可以看出教材中应用题比重较大，"上镜率"很高，因此，关于应用性问题在平时教学中应当引起我们足够的重视，不可忽视，要认真对待。

（3）运用生活问题解读数学方法

4.4.2《计算函数零点的二分法》，教材对二分法做了如下表述：如图 2 所示，维修工人为了合理地迅速查出 AB 段线路故障的所在地，工人首先从线路 AB 的中点 C 查起，如果 CB 段正常，就选择 CA 的中点 D 测试；如果 DA 段正常，就选择 DC 的中点 E 继续测试，……，像检修线路所用的这种方法称作二分法。

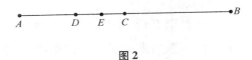

图 2

再如，4.5.1《几种函数增长快慢的比较》指出："增函数的共同特点是，函数值 y 随着自变量 x 的增长而增长。同为增长，但增长的快慢可能不同。"这好比赛跑，有冠军亚军，也有排不上名次的。赛跑有赛跑的规则，到最后跑到前面的才是胜利者。

这样的呈现新颖、活泼、趣味，通俗易懂，可谓是四两拨千斤。

重剑无锋。教材贴近学生生活和情感，用通俗易懂的语言来讲明数学内容最精华的部分，直指问题的本质，把抽象问题简单化、形象化，让学生对数学内容产生兴趣。

用数学来解决实际问题需要从数学的视角去发现问题、提出问题、分析问题、解决问题，将实际问题转化为数学问题，通过数学知识求解论证，这是数学应用的重要形式。

（二）揭示本质击"要害"

数学教学就是要把复杂问题简单化，简单问题要教得有厚度。湘教版教材揭示问题方向明确，直击本质。

1. 揭示数学概念的本质特征

教材主要通过两个环节的设计来帮助学生理解数学概念。一是用图形和实例进行说明；二是放在例题或习题中，通过问题深化理解。这两个方面不是孤立的，而是相互联系的，做到了对数学概念多角度、多层次的认识。

例如，1.1.2《子集和补集》中的例题。

设 $U = \{x \in \mathbf{Z} \mid, x \in (0, 12)\}$，$A = \{2x \mid 0 < 2x < 12, x \in \mathbf{N}\}$，$B = \{3x \mid 3x \in [1, 11], x \in \mathbf{Z}\}$，求 $C_U A$ 和 $C_U B$.

例题这样给出集合 A，B 的目的是让学生认识到集合 A，B 分别是满足条件 $0 < 2x < 12$，$x \in \mathbf{N}$ 和 $3x \in [1, 11]$，$x \in \mathbf{Z}$ 的元素 $2x$，$3x$ 构成的集合，而不是元素 x 构成集合，升华了学生对用描述法表示集合的本质认识。

又如，3.2.1《函数的单调性与最值》认为，只要将 $f(x_2) - f(x_1)$ 与 $x_2 - x_1$ 相除，根据商 $\dfrac{f(x_2) - f(x_1)}{x_2 - x_1}$ 是正值还是负值，就能判别 $f(x_2) - f(x_1)$ 与 $x_2 - x_1$ 是同号还是异号，进而判别 $f(x)$ 是增函数还是减函数。这句话说明了什么呢？为什么教材多次用这一思想来证明函数的单调性呢？其原因是通过建立数学模型——比值符号 $\dfrac{f(x_2) - f(x_1)}{x_2 - x_1}$ 来刻画函数的单调性。这样的表述把自变量的变化方向与函数值的变化方向联系起来，描述了函数的变化和趋势，突出了函数单调性的本质特征。

2. 强调解决问题的目标指向性

教材在呈现数学内容时，三言两语道破所学知识的用途和解决问题的方向，使学生感受到本节知识的地位和作用。通过设计一个个的问题，引导学生联系所学知识思考解决问题的目标，在寻找解决问题的过程中形成概念和活动，不断鼓励学生尝试解决问题的方法。

例如，1.1.1《集合》指出："表示一个集合，就是把它有哪些元素交代清楚。"非常简洁的一句话，抓住了集合的本质特征，为寻求如何表示集合指明了方向，沿着这一目标很容易找到表示集合的方法——列举法和描述法。

又如，4.5.1《几种函数增长快慢的比较》指出："函数快慢的比较，还可以看速度的变化，看它是越跑越快呢，还是越跑越慢。"

计算速度的简单办法，是看单位时间内走过的路程。例如当自变量加 1 时，看函数值改变多少，也就是看 $f(x + 1) - f(x)$ 的大小。

再如，5.1《任意角与弧度制》引言指出：

万物皆变，万物皆动。

有平动，有转动。

平动量距离，转动量什么？

思考：如图3所示，时钟现在的时间是10：10，经过40min后，时钟的分针转过了多少度？经过1h30min呢？

图3

一句"平动量距离，转动量什么"点出角的作用，指出角的内涵：角是描述转动量的数学概念，准确确定旋转所成的角不仅要知道旋转的量，还要知道旋转的方向。

湘教版教材注重对数学内容本质的刻画，让课堂生成真正发生，引导学生在体悟、建构和表现的学习活动中达成对知识的认知，促进学科素养的形成。

（三）数学思想铸"灵魂"

教材内容不是一味地给学生教知识，更不是"硬灌"数学思想方法，而是让他们在知识的学习过程中去感悟、体会和思考，引导学生用数学思想方法解决问题。教材设计的例题和习题不仅仅是巩固所学的知识，更多的是需要用函数与方程、数形结合、分类讨论等数学思想方法来解答例题和习题，体现了数学思想对解题的指导作用，使数学思想方法春风化雨般地植入学生的"灵魂"。

例如，教材中2.2《从函数观点看一元二次方程》和2.3.1《一元二次不等式及其解法》将方程的根归结于函数的零点，一元二次不等式的解转化为相应二次函数函数值取正值或负值时自变量 x 的取值范围，用函数图象建立起三者之间联通的桥梁，用数学思想统领数学知识的结构和生成，告诉学生数学思想才是数学内容的灵魂。

又如 3.2.2《函数的奇偶性》练习题 1。判断下列函数的奇偶性：

（1）$f(x) = x + \dfrac{x^3}{5} - \dfrac{x^2}{10}$；

（2）$f(x) = 3 - \dfrac{x^2}{3}$；

（3）$f(x) = \dfrac{3x^2}{\sqrt{3 + x^4}}$；

（4）$f(x) = 1 - 2x + x^3$.

这几个函数的图象如图 4 所示，你能在图中分别标出对应的函数吗？

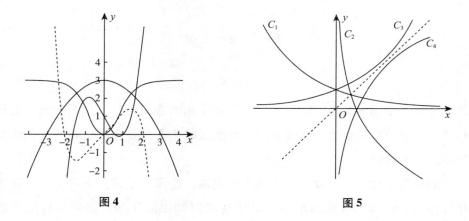

图 4　　　　　　　　　　图 5

这道题精彩之处在于把函数的解析式与图象对应起来，引导学生以数想形。再如，复习题四。

第 9 题（图 5）：有一条曲线是函数 $y = a^x (0 < a < 1)$ 的图象，其他三条曲线是从这条曲线出发，经轴反射得到的。试写出这些曲线对应的函数表达式。

该题给出函数图象让学生写出解析式，以形想数，体现了图象是函数的直观呈现。

又如，第 3 章《函数的概念与性质》中的复习题三。

第 16 题：设偶函数 $f(x)$ 在区间 $[-8，-5]$ 上递减且在区间 $[-5，-1]$ 上递增，试讨论 $f(x)$ 在区间 $[2，7]$ 上的增减性，并进一步讨论 $f(x)$ 为奇函数的情形。

这道题给出了函数的性质，再由性质构建图象，最后由图象求解。这一过程实现了数与形的完美结合，达成了运用数形结合思想解决问题的基本模式。

函数是数形结合思想的载体之一，所以函数是图形。在讨论函数问题时，要引导学生养成画函数图象的习惯，树立用函数图象思考问题的意识。

（四）培养数学核心素养有"抓手"

教材是数学核心素养的载体。核心素养的形成和发展离不开教材，否则就是空中楼阁、无水之源。湘教版教材重推理、讲道理，立足思维训练，引导学生深度学习，培养学生的数学核心素养。

1. 立足逻辑推理，构建知识体系

教材按照"观察—抽象—探索—猜测—分析和论证"的数学思维方式进行编写，把数学的思维方式概括为观察客观现象，抓住其主要特征，抽象出概念或建立模型；然后运用直接判断、归纳、类比、推理、联想等方法进行探索，猜测可能的规律；最后通过深入分析和逻辑推理进行论证，揭示了事物内在的规律。

例如，在第 4 章《幂函数、指数函数和对数函数》的学习中，幂函数 $y = x^\alpha (\alpha > 0)$ 在 $[0, +\infty)$ 上单调递增，指数函数 $y = a^x (a > 1)$ 在 **R** 上单调递增，值域为 $(0, +\infty)$，教材都给出了严格的证明。有了这样基本理性的认识，使学生发自内心地感受到它们的图象为什么呈上升趋势，加深对函数图象特征的认识。图象法有助于培养学生逻辑思维能力，这也是形成和发展学生数学核心素养的重要途径之一。

教材对于概念、规律、性质和结论等内容，通过演绎推理予以论证，使学生明白，从一些具体例子得出的一般结论应该接受逻辑推理的检验。在推理论证的过程中，使学生从小养成科学严谨的思维习惯，引导学生用数学的思维思考问题，用数学的思想、方法解决问题，并建立数学模型。在解决问题的过程中，理解数学内容的本质，培养学生的数学核心素养。

2. 着眼不同视角，揭示同一问题

看同一问题的视角不同，理解的层次也会不同。如果从不同的角度去认识问题，我们的认识就会发生质的飞跃，这种深度学习的效果必然会促进学生学科核心素养的提高。

例如，4.5.1《几种函数增长快慢的比较》，为了让学生理解增长型函数

的变化快慢，教材设计了三个维度：从函数值比较函数的变化快慢；从函数速度变化看函数的变化快慢；从函数图象看函数的变化快慢。

又如，4.4.1《方程的根与函数的零点》中的问题。

例 2：讨论方程 $2^{-x} = \log_2 x$ 解的个数与分布情况。

教材给出了两种解法。

解法 1（零点存在定理）：令函数 $f(x) = \log_2 x - 2^{-x}$，

其零点就是方程 $2^{-x} = \log_2 x$ 的解。

$f(1) = \log_2 1 - 2^{-1} = 0.5 < 0$，$f(2) = \log_2 2 - 2^{-2} = 0.75 > 0$。

可见函数 $f(x) = \log_2^x - 2^{-x}$ 在（1，2）内有零点。

另一方面由于函数 $f(x) = \log_2^x - 2^{-x}$ 单调递增而函数 $y = -2^{-x}$ 也单调递增，因此函数 $f(x) = \log_2^x - 2^{-x}$ 单调递增，所以函数 $f(x) = \log_2^x - 2^{-x}$ 在（1，2）内仅有一个零点。

解法 2（图象法）：由图 6 可以看出，函数 $y = 2^{-x}$ 与函数 $y = \log_2^x$ 的图象只在区间（1，2）内有一个交点，所以原方程有且只有一个解，且此解在区间（1，2）上。

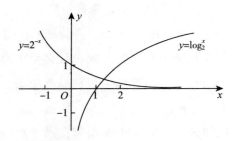

图 6

教材对某一问题的解决常常给出不同的角度和方法，这样编写不仅提升了学生的认知水平，而且有助于培养学生的数学核心素养。教学不在于教给学生多少知识，更重要的是帮助学生形成数学思维习惯，让学生从解题过程和表达中长本领、增智慧，通过数学知识的学习获得本领——培养数学核心素养。

二、对教材修订的几点建议

尽管不同版本的教材在编写时都以《课标》为指导，但是由于不同的编者对《课标》有不同的认识，各地区的学生水平也有一定差异，这就导致任何一部教材都不会十全十美。下面结合教学实践，对湘教版高中数学教材的修订提出几点建议。

1. 适当降低概念表述的抽象性

数学概念的形成一般是从实际问题或事物的具体背景出发，抽象出一般规律和结构，并用数学符号或者数学术语予以表征，这就使数学概念具有抽象性，正是因为数学的这种抽象性给学生带来了认知的困难和学习的难度。教材中有些概念的语言表述语句较长，不够简洁，部分学生读后不明白说了什么，不清楚概念的真正内涵，使数学概念的抽象性进一步升级。对于这样的概念，教师往往要给予进一步解读、解释和说明，甚至要咬文嚼字，从而造成教学过程的不流畅，缩短了后面内容教学的时间，使教学效果不够理想。

例如，3.2.2《函数的奇偶性》关于偶函数和奇函数的定义教材表述为：

（1）如果对一切使 $F(x)$ 有定义的 x ，$F(-x)$ 也有定义，并且 $F(-x) = F(x)$ 成立，则称 $F(x)$ 为偶函数。

（2）如果对一切使 $F(x)$ 有定义的 x ，$F(-x)$ 也有定义，并且 $F(-x) = -F(x)$ 成立，则称 $F(x)$ 为奇函数。

在这里" $F(x)$ 有定义的 x ，$F(-x)$ 也有定义"中"有定义"具体是什么意思，学生并不明确，这样的表述大学课本常见，高一学生并不好理解。如果把"对一切使 $F(x)$ 有定义的 x ，$F(-x)$ 也有定义"改为"函数 $F(x)$ 定义域为 $\mathbf{I}$，如果 $\forall x \in \mathbf{I}$，都有 $-x \in \mathbf{I}$"，那么 x 范围就更明确，学生一读就知道什么意思，数学语言的表述通俗易懂，学生理解起来也就没有障碍。它也告诉学生，研究函数性质一定要考虑定义域，定义域关于原点对称是函数具有奇偶性的必要条件，也为学生后续进一步学习幂函数、指数函数和对数函数埋下伏笔。

2. 问题情境的设计不易过难

情境是知识的载体，有利于学生发现问题和提出问题，特别是问题情境能促进学生积极思考，引导学生解决问题。教材在新知识的学习过程中设计了较多的实际问题和生活情境，就问题本身而言，都是一些好问题和好想法。但在问题的设计上，对于高一学生来说，有些问题情境比较陌生、比较难。课堂上解决这些问题要花费大量时间，"主角"未出场而教学时间过半的现象常常发生，导致课堂前松后紧，本节的主要内容得不到很好的落实，使得课堂出现本末倒置的现象。

例如，在 4.1.3《幂函数》中，教材在引入幂函数概念时设计了以下情境。

大雾天，海陆空的交通运输都会受到影响。

雾是大量小水滴在空气中悬浮而形成的。小水滴为什么不掉下来呢？

近似地把水滴看成小球，用球的直径 x 来刻画它的大小。

当 x 变小时，水滴所受的重力和空气阻力都在变小，但程度不同。

水滴所受的重力和体积成正比，即和 x^3 成正比；但它所受的空气阻力却和表面积成正比，即和 x^2 成正比。

当直径 x 从 1mm 变小到 0.1mm 时，水滴所受的重力减小到 0.1%，而阻力减小到 1%. 相对来说，阻力与重力的比值增加到 10 倍。同理，x 从 1mm 变小到 0.01mm 时，阻力与重力的比值增加到 100 倍。随着直径 x 的变小，水滴所受的重力比起阻力来，很快就变得微不足道了。这就是小水滴成雾的原因。

在上面的讨论中用到的变量 x，x^2 和 x^3 都是自变量 x 的函数，然后得出幂函数的定义：“当 x 为自变量而 α 为非零实数时，函数 $y = x^{\alpha}$ 叫作（α 次）幂函数。”

上述情境告诉我们，自然界的一些现象可以用数学知识来解释，体现了用数学的眼光看待世界的观点。从《课标》角度看，教材的编写非常契合《课标》理念。但在教学中发现，学生理解该问题情境还是有很大难度，为什么呢？一是“由于学生没有学习球体体积和表面积公式，对水滴所受的重力和体积成正比，即和 x^3 成正比；它所受的空气阻力却和表面积成正比，即和 x^2 成正比”不能理解；二是“当直径 x 从 1mm 变小到 0.1mm 时，水滴所受的重力减小到 0.1%，而阻力减小到 1%。相对来说，阻力与重力的比值增加到 10 倍”的表述比较抽象。而且这是一个较为复杂的计算过程。

当 $x = 1$ 时，重力 $G_1 = k_1 \left(\dfrac{1}{2}\right)^3$，阻力 $f_1 = k_2 \left(\dfrac{1}{2}\right)^2$（$k_1$，$k_2$ 为比例系数）.

当 $x = 0.1$ 时，重力 $G_2 = k_1 \left(\dfrac{1}{2}\right)^3 \times 0.001$，阻力 $f_2 = k_2 \left(\dfrac{1}{2}\right)^2 \times 0.01$.

所以，重力之比 $w_1 = \dfrac{G_2}{G_1} = 0.001$，阻力之比 $w_2 = \dfrac{f_2}{f_1} = 0.01$. 即 $\dfrac{w_2}{w_1} = 10$.

教材设计的这一情境，尽管文字叙述很简洁，但是信息量很大，数量关系复杂，要给学生讲清楚需要花费大量时间，等到得出幂函数的概念时课堂时间已过半，明显留给本节课的重点内容——幂函数的图象和性质的教学时间不足，影响学习效果。

3. 再现某些知识生成过程的设计

数学知识的生成是自然的、是符合逻辑的。学生获取知识的过程需要经历、体验和感悟，有了这种过程，学生才能对所学知识进行判断、归纳、类比和联想，实现在知识生成和解决问题的过程中理解数学的本质，促进学生数学核心素养的形成和发展。教材中有些概念的形成没有建立在具体实例的基础上就直接给出定义，造成学生理解上的障碍。

4.2.1《指数爆炸和指数衰减》中给出指数函数的定义："在幂的表达式 a^x 中，让幂指数为常数而取底数 a 为自变量 x ，得到了幂函数。"

另一方面，如果让底数为常数 a ，而取指数为自变量 x ，则得到一类新的函数 $y = a^x$ $(x \in \mathbf{R})$ ，这叫作指数函数，其中 $a > 0$ ，且 $a \neq 1$.

数学概念是从实际问题出发，抽象出一类事物的共同特征和结构，并用数学语言加以表征。教材中，指数函数概念的形成没有任何实际背景，直接从形式上给出定义，显得过于随意。这种淡化知识生成过程的做法使学生在学习时看到的仅仅是问题的表象，认识不到问题的本质特征，不利于理解和认识数学概念。

4. 增加例题和习题中基础题型的配置

教材中例题和习题的设计突出三个特点：一是注重用所学知识解决问题；二是强调数学思维训练；三是应用性问题较多。因此，教材中绝大多数例题和习题对学生能力要求较高、难度较大，基础性、巩固性的试题偏少，不利于学生理解和掌握课本知识。学生独立完成习题比较困难，教学时教师虽然花费了大量时间进行讲解，但仍有一部分学生听不懂，感觉数学难学，从而对学习数学产生恐惧感。

例如，3.2.1《函数的单调性与最值》编写的例题、练习题、习题和复习题共计 23 道题。其中 6 道题含有参数，4 道题是以抽象函数为背景，与函数奇偶性结合的综合性试题，1 道开放性试题，2 道应用性问题，有 13 道较难试题，占 56.52%。不难看出，难题所占比重较大、基础题不足，导致所学知识不能得到很好地巩固，许多学生对所学内容似懂非懂。

5. 适当调整个别知识的"出场"顺序

湘教版教材的编委大多数是数学家，教材逻辑结构完善、体系严谨、逻辑性很强，堪称一部优秀的数学专著。编者站在数学的角度编写数学教材，知识的呈现原汁原味，数学味浓厚，真可谓是有的学生"甘之如饴"，也有些学生"恨之入骨"。正因为如此，教材对教师如何教和学生如何学考虑得相对较少，教师感到教材难教、学生觉得教材难学。

例如，4.2.1《指数爆炸和指数衰减》中指出：

当底数 $a>1$ 时，指数函数值随自变量的增大而增大，底数 a 较大时，指数函数值增长速度惊人，称为指数爆炸。

当底数 $a<1$ 时，指数函数值随自变量的增长而缩小以至无限接近于 0，称为指数衰减。

由于没有学习指数函数的图象和性质，学生不清楚指数函数的单调性，缺少必要的知识铺垫，在讲授时如何让学生弄明白其中原因就成为教学的一个难题。换个角度思考，如果学习了指数函数图象和性质后再学习这节课内容，教学效果是否会更好？再如，4.1.3《幂函数》的例题。

例 9：若 $f(x)$ 是幂函数，且 $f(8)=16$，求 $f(9)$，$f(64)$.

教材给出了如下解答过程：

解：设 $f(x)=x^{\alpha}$.

由已知条件得 $f(8)=8^{\alpha}=16=8^{\frac{4}{3}}$.

由 $8>1$ 知，若 $\alpha>\dfrac{4}{3}$，则 $f(8)=8^{\alpha}>8^{\frac{4}{3}}=16$；

若 $\alpha<\dfrac{4}{3}$，则 $f(8)=8^{\alpha}<8^{\frac{4}{3}}=16$.

两者皆与条件不合，故确定 $\alpha=\dfrac{4}{3}$. 于是 $f(9)=9^{\frac{4}{3}}$，$f(64)=64^{\frac{4}{3}}=256$.

对于上述解法许多学生觉得不可思议，问道："由 $f(8)=8^{\alpha}=8^{\frac{4}{3}}$ 得出 $\alpha=\dfrac{4}{3}$ 不是很简单吗？为什么要绕那么大的圈子？"我给出的解释是编者可能考虑到由于还没有学习指数函数的单调性，所以只能利用如下幂运算的基本不等式进行求解。

对任意的正数 $a > 1$ 和两数 $r > s$，有 $\dfrac{a^r}{a^s} = a^{r-s} > 1$，即 $a^r > a^s$.

对任意的正数 $a < 1$ 和两数 $r > s$，有 $\dfrac{a^r}{a^s} = a^{r-s} < 1$，即 $a^r < a^s$.

如果教材内容的设置顺序调整为先学习指数函数，再学习幂函数，那么利用指数函数的单调性进行同底比较，可将上述问题简单化，学生更容易理解，疑问也就自然消除了。

教材提供的解法不是有问题，主要是学生不好理解。学生更认可"$f(8)$ $= 8^\alpha = 8^{\frac{4}{3}} \Rightarrow \alpha = \dfrac{4}{3}$"。在这里，教材的处理有点将简单问题复杂化，导致学生理解困难。

南京师范大学教授杨启亮认为，教学实践几乎从来没能像教育理论所描述的那样乐观，传统的威力通常会像一种无形的约束，以各种形式延续；既顽强地保持着某种"特色"，也同样顽固地保持某些"痼疾"。作为一线教师，需要我们理智看待数学课程，仔细研究教材，不断优化教学行为，只有这样我们的教学才有内涵，才能最大限度地体现新高考精神。

基于教材培养数学核心素养的
教学实践与思考

张奠宙先生指出："数学素养就是数学思维能力，数学运算能力、逻辑思维能力和空间想象力，其核心则是逻辑思维能力。"史宁中教授指出："数学基本思想是数学发展所依赖、所依靠的思想。"数学基本能力和基本思想是研究数学不可缺少的内容，也是学习、理解和掌握数学应追求和达成的目标。

《课标》指出："数学教育帮助学生掌握现代生活和进一步学习所必需的数学知识、技能、思想方法；提升学生的数学素养，引导学生用数学的眼光观察世界，会用数学的思维思考世界，用数学的语言描述世界，促进学生思维能力、实践能力和创新意识的发展，探寻事物变化规律，增强社会责任感。"因此，高中数学教学要以发展学生学科核心素养为导向，引导学生把握数学的本质，感悟数学的价值。下面就基于教材内容培养学生数学核心素养谈几点认识。

一、关注《课标》的可测性，做到教之有度

《课标》是教学依据，基于可测性审视《课标》，教学的关注点是教之有度，体现在教学中就是"不能教、可以教"的问题。

【案例1】《课标》对椭圆、双曲线和抛物线课程内容要求：

1. 经历从具体情境中抽象出椭圆的定义、标准方程及简单几何性质。

2. 了解双曲线和抛物线定义、几何图形和标准方程，以及它们简单几何性质。

3. 了解椭圆、抛物线的简单应用。

不难看出《课标》对椭圆教学要求较高，双曲线要求最低，对双曲线定

义、几何图形和标准方程，以及它们简单几何性质的教学要求只限于了解层次。全国高考数学解析几何大题命题的焦点集中在椭圆，偶尔考查抛物线、双曲线，每年仅考一道小题。倘若基于可测性审视《课标》，历年高考双曲线不考大题，就能找到合理的解释。

【案例2】函数 $f(x) = \dfrac{e^x - e^{-x}}{x^2}$ 的图象大致为（　　　）

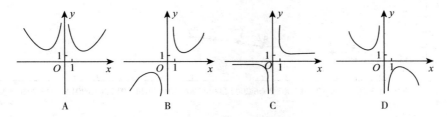

这道题 A，D 不难排除，难点是如何区分 B 和 C. 在第一象限，函数 $y = e^x$ 的图象比 $y = x^2$ 的函数图象变化趋势更快，即分子相对于分母变化更快，$x \to +\infty$，$\dfrac{e^x - e^{-x}}{x^2} \to +\infty$，故选 B.

虽然高中数学没有给出极限概念的准确定义，但教材从多方位、多角度渗透了极限思想。导数概念运用了极限符号，在研究双曲线渐近线、求得 $\sqrt{2}$ 近似值、二分法求方程近似解、统计中研究密度曲线等问题中都渗透了极限思想。以相关知识为载体，极限思想是可以渗透的，也是可以考查的，一定会被命题者青睐。因此，在平时教学中，立足《课标》，关注中学数学与高等数学的有效衔接，让学生感悟高等数学教材蕴含的思想是值得重视的问题。

二、挖掘教材中案例的价值功能，培养学生应用意识

数学源于生活，应用于生活。"问渠那得清如许？为有源头活水来。"教材中的很多应用案例提供了一些基本内容的实际背景，反映数学的应用价值，具有典型性、示范性，体现了《课标》提出的"精选课程内容，处理好数学学科核心素养与知识技能之间的关系，强调数学与生活以及其他学科的联系，提升学生应用数学解决实际问题的能力，同时注重数学文化的渗透"的学科理念。高考往往将与大众生活息息相关的问题进行适度抽象、改造。

【案例3】（2018 年全国Ⅱ卷理科 18 题）图 7 是某地区 2000 年至 2016 年环境基础设施投资额 y（单位：亿元）的折线图。

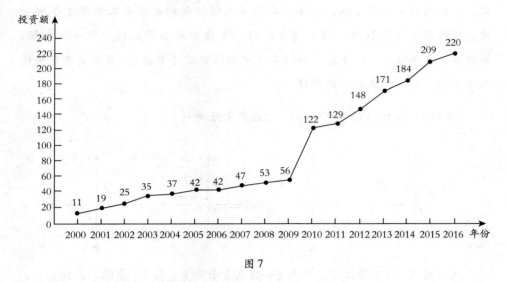

图7

为了预测该地区2018年的环境基础设施投资额，建立了 y 与时间变量 t 的两个线性回归模型。根据2000年至2016年的数据（时间变量 t 的值依次为 1，2，3，…，17）建立模型①：$\hat{y} = -30.4 + 13.5t$；根据2010年至2016年的数据（时间变量 t 的值依次为 1，2，3，…，7）建立模型②：$\hat{y} = 99 + 17.5t$.

（1）分别利用这两个模型，求该地区2018年的环境基础设施投资额的预测值。

（2）你认为用哪个模型得到的预测值更可靠？并说明理由。

此题充分考查了数学建模、统计推理和数据分析等数学核心素养。特别是第二问的考查模式与往年高考不同，其答案是多元化和开放式的，只要具有合理的理由即可。做题时文理科考生会有不同的切入点，文科考生熟悉回归分析，对模型拟合效果通过 R^2 来判断，也更倾向于通过预测值，结合图表特征感觉哪个模型更"合理"；理科考生会从回归分析的角度判断，也可通过残差表、残差图、相关性系数 R^2 情况等来判断模型的拟合效果，充分运用"数据"来说话，但试卷未给出 R^2，或因残差计算太繁杂，导致解决此题考生会有许多困惑。其实该题实测难度值仅为0.7，但是学生得分率并不高。究其原因主要是我们平时在进行与案例相关知识的教学中，绝大多数教师根据自身的经验将其一带而过，没有给予足够的重视，甚至有的教师只是把这些内容让学生看一下，案例本身隐含的数学思想和方法学生没有真正理解和体会。教材中有许多用数据说话的案例，教学时要充分运用这些案例，培养学生基于数据思考问题和作图推断的习惯，运用数据表达现实的能力，积累在错综复杂的情景中探索事物的本质、关联和规律的经验。

三、融通交汇知识之间的关联，提升学生综合能力

《课标》指出："依据数学学科特点，关注数学逻辑体系、内容主线、知识之间的关联，重视数学实践和数学文化，渗透数学思想的培养。"这就决定了在《课标》所规定的培养目标方面不能忽视学生综合应用数学能力的培养，据此审视高中数学教学，恰时恰量地依托知识之间、思想方法之间，或能力之间的关联，基于交汇的问题展开教学，使学生从整体上理解知识，避免孤立地、零散地理解知识，提升学生完善知识体系、综合运用知识、思想与方法解决问题的能力，这对教学是大有裨益的。

【案例4】用向量证明：对于任意的 a，b，c，$d \in \mathbf{R}$，恒有不等式 $(ac + bd)^2 \leqslant (a^2 + b^2)(c^2 + d^2)$.

解：设 $\vec{m} = (a, b)$，$\vec{n} = (c, d)$，向量 $\vec{m}$ 与 $\vec{n}$ 的夹角是 θ.

由向量数量积 $\vec{m} \cdot \vec{n} = |\vec{m}||\vec{n}|\cos\theta$ 知，$|\vec{m} \cdot \vec{n}| \leqslant |\vec{m}||\vec{n}|$.

根据平面向量的坐标运算，可得 $|ac + bd| \leqslant \sqrt{a^2 + b^2}\sqrt{c^2 + d^2}$，

所以 $(ac + bd)^2 \leqslant (a^2 + b^2)(c^2 + d^2)$.

向量既有"数"的因素，又有"形"的因素，既是代数研究对象，也是几何研究对象，是沟通几何与代数的桥梁，是进一步学习和研究其他数学领域问题的基础。教材中的平面向量正是基于这一点来编写的，如上述案例4的求解思路就是通过坐标法来进行"数"的运算，借助几何法进行"形"的转化，考查平面向量、不等式和三角函数的相关知识，突出坐标、化归与转化思想，考查了运算求解、推理论证能力。问题的难度不算大，综合度却不低，故其教学价值值得期待。

教材内容交汇服务教学的试题，其知识交汇不是率性的，而是基于本质，对接平和、过渡合理、融合有机的，这是我们平时教学应该遵循的基本原则。

四、以目标引领问题解决，提升学生解题能力

掌握数学就意味着要善于解题。有人说数学教学其实就是解题教学，这

种说法尽管有点片面，但不得不承认解题在数学学习中的重要性。因为问题解决作为数学应用的显性体现，历来被数学教育教学所重视，高中数学教学也不例外。多数情形之下的问题解决遵从的是"顺序性""审题"，进而"经验型""定向"，最后"天才式""求解"，这种模式在解决综合性较高的数学问题中尤为常见。上述模式实际上是凭经验解题，学生做的题越多，经验就越丰富，遇到熟悉的问题会越得心应手，那么没有见过的试题呢？恐怕只能"望题兴叹"。为什么会有这种状况？原因在于我们平时的教学，学生收获的通常只有"所以然"，而鲜有"之所以然"。

【案例5】已知：函数 $f(1+x)$ 是定义在 **R** 上的奇函数，若对于任意给定的不等实数 x_1，x_2，不等式 $x_1f(x_1) + x_2f(x_2) < x_1f(x_2) + x_2f(x_1)$ 恒成立，则不等式 $f(1-x) < 0$ 的解集为（　　）

A. $(1，+\infty)$　　　　B. $(0，+\infty)$　　　C. $(-\infty，0)$　　　D. $(-\infty，1)$

目标：不等式 $f(1-x) < 0$ 的解集。

联想：常规的求解途径有两种：一是将其转化为已知类型的不等式；二是将其转化为 $f(1-x) < f(t)$.

审视：由于函数 $f(x)$ 的解析式没有具体给出，故试题依赖于如下两个问题的解决：（1）$f(t)=0$ 时，t 的值；（2）$f(x)$ 的单调性。

确认：容易发现，利用"函数 $f(1+x)$ 是定义域在 **R** 上的奇函数"即可解决问题（1），利用"对于任意给定的不等实数 x_1，x_2，不等式 $x_1f(x_1) + x_2f(x_2) < x_1f(x_2) + x_2f(x_1)$ 恒成立"即可解决问题（2）。

求解本案例时，综合法的思路极易将学生引入审题的误区。倘若能够基于目标的引领而探究求解的途径，则可轻而易举地解决这个问题。在平时的教学中，要立足教材习题的拓展，基于目标引领解决问题：目标—联想—审视—确认。

五、置教学内容于课程之中，整体把握教材

近几年听了许多高中数学观摩课、讲赛课、公开课和诊断课，发现不论是青年教师还是中年教师在教学中都有一个共同特点：忽视知识生成，淡化课本例题和练习题，选用大量的高考题代替练习题。在平时的考试中，命制试题绝大多数来源于高考试题，难度较高，导致学生觉得数学难学。

依据高中数学课程理念，实现"人人都能获得良好的数学教育，不同的人在数学上得到不同的发展"的目标，必然地决定了课程结构、数学知识的展开应该呈"螺旋状"，而非"纵贯式"，教学应该是循序渐进的，而不是一步到位。说到底，就是我们的新课教学没有把教学内容置于课程之中，缺乏对教材的整体把握。

【案例6】（人教A版必修3）3.2《古典概型》的内容设置按照通常的理解，计数原理以及排列、组合的学习应该在《古典概型》的学习之前。因为古典概型的相关计算需要第六章《计数原理》和6.2《排列与组合》的相关知识。但是《课标》将概率安排在必修3，而将《计数原理》和《排列与组合》安排在选修2－3。

事实上，只要认真研读《课标》，不难为上述不科学的做法找到科学依据：《课标》对古典概型的计算明确地要求用列举法计算。这实际上意味着《课标》旨在表明：在3.2《古典概型》的学习过程中，更加需要关注的是概率本质的教学，更加需要强调的是理解古典概型的两个特征——试验结果的有限性和每一个试验结果出现的可能性，而非《计数原理》和《排列与组合》的相关知识为古典概型相关计算所带来的便捷。

换言之，《课标》的如此做法旨在阐明在课程理念的统领之下，高中数学基础知识的习得应该是分段获取、螺旋上升。这种理念在古典概型、立体几何和函数的相关内容中得到了充分的关注。因此，立足《课标》和课程理念，站在学科核心素养的角度整体把握教材应该受到高中数学教学的足够重视。

六、合理渗透数学思想方法，彰显数学之魂

普通高中数学教科书（人教A版）主编章建跃博士认为，教材内容的表述围绕着两条主线，一条是明线：事实——概念——性质（关系）——结构（联系）——应用；另一条是暗线：事实——方法——方法论——数学学科的本质。注重明线和暗线的融合，才能使学生在数学内容的学习中发展数学学科核心素养。因此，在平时教学中，要把握数学的本质，挖掘教材蕴含的数学思想方法，以数学知识的发生发展为载体，以恰时恰点的问题引导学生的思维活动，将数学思想方法置于数学问题之中，使学生经历研究一个数学对象的基本过程，在该过程中培养数学思维、发展数学能力、提升数学学科素

养。体现数学思想方法是数学知识的精髓，是知识转化为能力的桥梁。

【案例7】证明不等式：$\ln x < x < e^x$，并通过函数图象直观验证（人教 A 版选修 2－2 第 32 页习题 1.3B 组 1 题）。

改编：[2017 年高考全国 Ⅱ 卷理科 21（1）题] 已知函数 $f(x) = ax^2 - ax - x\ln x$，且 $f(x) \geqslant 0$．求 a．

解：$f(x)$ 的定义域为 $(0,+\infty)$．

设 $g(x) = ax - a - \ln x$，则 $f(x) = xg(x)$，$f(x) \geqslant 0$ 等价于 $g(x) \geqslant 0$．

由 $g(x) \geqslant 0$ 变形得 $ax - a \geqslant \ln x$，令 $y = ax - a$，$h(x) = \ln x$，则 $ax - a \geqslant \ln x$ 等价于函数 $y = ax - a$ 的图象在函数 $h(x) = \ln x$ 图象的上方。

因为函数 $y = ax - a$ 与函数 $h(x) = \ln x$ 的图象都过点 $(1,0)$，当 $a > 0$ 时，当且仅当直线 $y = ax - a$ 是曲线 $h(x) = \ln x$ 的切线且切点为 $(1,0)$ 时，函数 $y = ax - a$ 的图象在函数 $h(x) = \ln x$ 的图象上方（图8），则 $k = h'(1) = a$，故 $a = 1$．

当 $a \leqslant 0$ 时，函数 $y = ax - a$ 的图象不可能在函数 $h(x) = \ln x$ 图象的上方（图9）（当 $a = 0$ 时，函数 $y = ax - a$ 的图象是 y 轴），则 $g(x) \geqslant 0$ 不恒成立。

综上所述，$a = 1$．

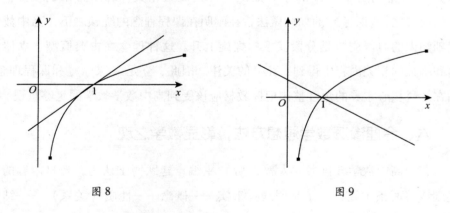

图8　　　　　　　　　　图9

案例 7 特别强调运用图象直观验证，就是要求在教学中围绕教材内容，适时地进行数学思想方法的合理渗透。因此，在处理类似教学内容时，可以针对教材问题适当进行改编和变式，在求解过程中合理渗透分类与整合、化归与转化和数形结合等思想，这对于培养学生数学素养有着极为重要的作用。数学教学的关键是让学生学会如何学习数学，形成自己的数学学习能力和数学思维。学习结果固然重要，但结果的获得是建立在学习过程之上的，即在重视数学学习结果的同时不能忽视数学学习过程。因此，课堂教学要让数学思想和方法成为数学教学之灵魂。

高考命题注重对数学思想的考查，并将多样的数学思想方法，置于数学试题之中，达到数学思想方法是数学知识的精髓、是知识转化为能力的桥梁的认识高度。

七、树立演绎推理运算观，想得出、算得出

数学解题离不开运算，但目前不可回避的一个问题是学生的运算能力普遍降低。运算能力包括分析运算条件、探究运算方向、选择运算方法、确定运算程序等一系列思维能力，也包括在实施运算过程中遇到障碍二次调整运算的能力。因此，在平时的教学中训练要到位，把运算落到实处，让学生想得出来并且算得出来。对于教学遇到有运算量的试题，教师要引导学生敢于运算、善于运算，树立运算时演绎推理的观念。

2018 年全国 Ⅱ 卷高考数学试题没有晦涩难懂的语言表述，大多数考生在审题这一环节基本不存在障碍，考生普遍反映试题难度不大，容易下手，然而成绩公布后，许多学生大失所望，与自己期望的分数相差甚远，究其失分原因，关键在于运算。

【案例 8】（2018 年高考全国 Ⅱ 卷理科 19 题）设抛物线 $C: y^2 = 4x$ 的焦点为 F，过 F 且斜率为 $k(k > 0)$ 的直线 l 与 C 交于 A，B 两点，$|AB| = 8$.

（1）求 l 的方程；

（2）求过点 A，B 且与 C 的准线相切的圆的方程。

解：（1）由题意知 $F(1, 0)$，l 的方程为 $y = k(x - 1)(k > 0)$.

设 $A(x_1, y_1)$，$B(x_2, y_2)$，

由 $\begin{cases} y = k(x - 1) \\ y^2 = 4x \end{cases}$，得 $k^2 x^2 - (2k^2 + 4)x^2 + k^2 = 0$，

$\Delta = 16k^2 + 16 > 0$，故 $x_1 + x_2 = \dfrac{2k^2 + 4}{k^2}$.

所以 $|AB| = |AF| + |BF| = (x_1 + 1) + (x_2 + 1) = \dfrac{2k^2 + 4}{k^2} + 2 = 8$，

解得 $k = -1$（舍去）或 $k = 1$. 因此 l 的方程为 $y = x - 1$.

解（2）由（1）线段 AB 的垂直平分线方程为 $y = -x + 5$.

设所求圆的圆心坐标为 (x_0, y_0) ，则可得二元二次方程组

$$\begin{cases} y_0 = -x_0 + 5, \\ (x_0 + 1)^2 = \dfrac{(y_0 - x_0 + 1)^2}{2} + 16, \end{cases}$$ 解得 $\begin{cases} x_0 = 3, \\ y_0 = 2 \end{cases}$ 或 $\begin{cases} x_0 = 11, \\ y_0 = -6. \end{cases}$

因此，所求圆的方程为 $(x - 3)^2 + (y - 2)^2 = 16$ 或 $(x - 11)^2 + (y + 6)^2 = 144$.

题（1）考查了直线与抛物线的位置关系和抛物线定义，借助韦达定理求出直线斜率；题（2）重点考查圆的几何性质。就试题难度而言，只能属于中低档题，但是考生普遍得分在 5 分到 7 分之间，得分并不高。失分原因何在？一是求直线斜率时用的是弦长公式而不是抛物线定义，运算量增大导致结果错误；二是二元二次方程组不会解或解错。从本质上讲就是学生运算时不懂算理、运算能力不强，这与我们平时的教学不无关系。

数学解题活动是通过计算和推理来实现的，运算过程中蕴含逻辑关系。教学中让学生经历运算过程，通过不断运算体验，激活其数学思维，真正把学生的运算能力训练落到实处。

八、合理延伸教材，导向核心素养教学

数学学科的考试是按照"考查基础知识和能力的同时，注重考查学科核心素养"的原则，以能力立意、学科核心素养的命题导向为指导思想，将知识、能力和素养融为一体，全面考查学生的数学素养。高中数学《课标》提出了六个数学核心素养：数学抽象、逻辑推理、数学运算、直观想象、数学建模、数据分析。它们与数学能力、思想和方法并不矛盾，在今后的高考中出现频率会越来越高。

【案例9】（2018 年高考全国 II 卷理科 17 题）记 S_n 为等差数列 $\{a_n\}$ 的前 n 项和，已知 $a_1 = -7$ ， $S_3 = -15$.

（1）求 $\{a_n\}$ 的通项公式；

（2）求 S_n ，并求 S_n 的最小值。

解析：数列是定义在 $\mathbf{N}^*$ 上的特殊函数，此题充分考查了等差数列的概念与性质、通项公式、求和公式，以及用函数求最值的思想方法等，易得 $a_n = 2n - 9$ ， $S_n = n^2 - 8n$ ， $n \in \mathbf{N}^*$ 。由二次函数性质可得 S_n 有最小值，为 $S_4 =$

–16；也可以由数列 $\{a_n\}$ 的单调性，$a_1 = -7 < 0$，$d = 2 > 0$ 知，S_n 有最小值，当数列的值均为非正值时，只需找到 $a_n = 2n - 9 \leq 0$ 临界项，即前 4 项的和最小；还可画出二次函数的图象利用数形结合思想来解决。

　　数列教学中要注意与函数思想的融合运用，让学生站在函数的高度来认识数列的问题，突出数学核心素养导向的教学。

　　教育部考试中心研究员任子朝指出："素养导向的高考命题注重基础知识的巩固与理解，注重科学素养的提升，科学思维方法的掌握，科学态度的形成，注重解决生活中的实际问题。"数学核心素养不是一朝一夕养成的，要在平时的课堂教学中融入核心素养的培养，重视学生的阅读能力，让学生充分思考，在思考中获取知识，提高学生抽象推理能力，让学生经历知识的形成过程，亲身体验数学的发展。数学教学不仅要关注学生知识的掌握、能力的形成，而且要关注人的发展，让课堂回归本真，将培养学生数学学科核心素养作为最终的教学目标。

　　教学不仅要重视如何教，更要引导学生学会学，积极探索有利于学生的多样化教学方式，养成良好的学习习惯，激发学生数学学习兴趣；教学活动应该结合教学内容，把握数学的本质，提出合适的数学问题，引发学生思考与交流，落实"四基"（基础知识、基本技能、基本思想、基本活动经验），培养"四能"（发现问题的能力、提出问题的能力、分析问题的能力、解决问题的能力），促进学生数学学科核心素养的形成和发展。

基于核心素养导向下的课堂教学设计

——以《抛物线及其标准方程》为例

一、基于数学核心素养的教材分析

抛物线是日常生活中常见的一种曲线，学生很早就认识了抛物线、知道斜抛物体运动的轨迹是抛物线、一些拱桥的形状是抛物线、二次函数的图象是抛物线等，可以说学生对抛物线的几何图形已经有了直观的认识。人教 A 版高中数学选修 2－1 第 2 章抛物线分为两小节，由两部分组成：2.3.1《抛物线及其标准方程》、2.3.2《抛物线的简单几何性质》。在抛物线学习之前，学生已经系统地学习了椭圆和双曲线的定义、标准方程、简单的几何性质，对圆锥曲线的研究过程和研究方法有了一定的了解和认识，这对于抛物线的学习有借鉴、迁移的作用。通过本节课的学习，让学生在感性认识的基础上，进一步认识曲线与方程的对应关系。在探究抛物线几何特征的基础上，建立它的方程，在这个过程中，学会用坐标法解决一些与抛物线有关的简单问题和实际问题，进一步感受数形结合的基本思想，这是学生数学学习过程中必备的数学素养。

二、基于数学核心素养发展教学目标

数学课堂教学要立足于基础知识和基本技能两个方面，通过融入基本数学思想和基本实践活动的教学，促进学生对数学思想方法的理解、感悟、掌握和应用，从而激发学生数学学习的兴趣，增强学生数学学习的信心，最终使学生在体悟、建构和表现的学习活动中促进对知识的认知和学科素养的形成。

《抛物线及其标准方程》是在学生对曲线与方程有了一定认识、能够解决

简单的曲线与方程问题的基础上，引导学生探索、发现新的问题，进一步提高学生分析问题、解决问题的能力，从而培养学生数学的应用意识。

本节课的教学目标：

（1）掌握抛物线的定义、图象和标准方程，能用坐标法解决一些与抛物线有关的简单几何问题和实际问题，在解决问题的过程中体会 p 的几何意义和"数形结合"思想。

（2）感受抛物线是刻画现实世界中较多事物的曲线，认识抛物线在解决实际问题中的作用。

（3）通过抛物线标准方程的推导，提高学生的学习能力，养成合作精神和积极主动、勇于探索的学习品质。

三、教学设计

（一）创设情境，类比联想

问题1：如果点 $M(x，y)$ 与定点 $F(4，0)$ 的距离和它到定直线 $l:x = \frac{25}{4}$ 的距离的比是常数 $\frac{4}{5}$，求点 M 的轨迹方程。（人教 A 版教材选修 $2-1$ 第 47 页例 6）

问题2：如果点 $M(x，y)$ 与定点 $F(5，0)$ 的距离和它到定直线 $l:x = \frac{16}{5}$ 的距离的比是常数 $\frac{5}{4}$，求点 M 的轨迹方程。（人教 A 版教材选修 $2-1$ 第 59 页例 5）

生1：问题1中点 M 的轨迹是椭圆，问题2中点 M 的轨迹是双曲线。

师：很好！在上述两个问题中，如果设点 M 与定点 F 的距离和它到定直线 l 距离之比是 e，观察问题1和问题2比值 e 的特点，同学们能发现什么规律？

生2：当 $0 < e < 1$ 时，点 M 的轨迹是椭圆；当 $e > 1$ 时，点 M 的轨迹是双曲线。

师：正确吗？下面我们借助多媒体进行验证。

（利用几何画板作图，直观演示，肯定生2的结论是正确的）

师：请同学们再思考这样一个问题：

平面内与一定点 F 的距离和到一条定直线 l 距离之比等于常数 e 的点 M 的

轨迹，当 $e=1$ 时，它又是什么曲线？

设计意图：借助已学习过的知识设计问题，挖掘新旧知识之间的联系，再把问题作为出发点，提出对本课起关键作用且富有探索性的问题，让学生类比联想，引出课题。该问题设计不仅体现了知识的完备性，还激发了学生的求知欲。

（二）几何画板演示，孕育概念

师：用《几何画板》画图，如图10所示，点 F 是定点，l 是不经过点 F 的直线，H 是 l 上任意一点，过点 H 作 $MH \perp l$，线段 FH 的垂直平分线 m 交 MH 于 M，拖动点 H，观察点 M 的轨迹。你能发现点 M 满足的几何条件吗？

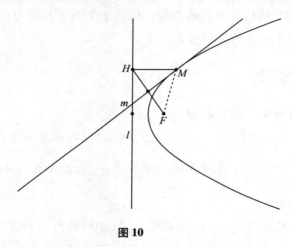

图 10

设计意图：通过《几何画板》，让学生了解抛物线的形成过程，加深学生对知识的直观认识，再现知识的生成过程，体现注重信息技术与数学课程整合的《课标》理念。

生3：动点 M 满足 $|MF|=|MH|$，即当 $e=\dfrac{|MF|}{|MH|}=1$ 时，动点 M 的轨迹是抛物线。

师：什么是抛物线呢？你能对抛物线下一个定义吗？

生4：平面内与一定点 F 的距离和到定直线 l 的距离相等的点的轨迹叫抛物线。

师：总结得很好！但要注意直线 l 不经过点 F，这里点 F 叫作抛物线的焦点，直线 l 叫作抛物线的准线。对于数学概念的学习，一方面要联系已学知识和实际生活去认识体会，另一方面要善于归纳总结。

设计意图：观察《几何画板》的演示过程，归纳、总结，再抽象成数学问题，培养学生的观察能力和概括能力。

（三）分组研讨，探索方程

师：在前面2.2.1《椭圆及其标准方程》和2.2.2《椭圆的简单几何性质》的学习中，我们是怎样研究椭圆、双曲线的呢？

生5：根据椭圆、双曲线的几何特征建立坐标系，求出它们的标准方程，再由方程研究其几何性质。

师：好！这是我们研究圆锥曲线的基本方法——坐标法。那么，如何建立适当的坐标系，求抛物线的方程呢？

设计意图：回顾已学知识，构建新旧知识之间的联系，类比研究椭圆、双曲线的方法学习抛物线，让学生掌握具有共性问题的研究方法，进一步体会数形结合的数学思想。

生6：过点 F 作 $FH \perp l$，垂足于 H，以 O 为坐标原点，OF 所在直线为 x 轴建立直角坐标系，如图11①.

生7：过点 F 作 $FH \perp l$，垂足于 H，以 F 为坐标原点，HF 所在直线为 x 轴建立直角坐标系，如图11②.

师：这两种方法都是可行的，还有没有别的方法吗？

生8：过点 F 作 $FH \perp l$，垂足于 H，以 H 为坐标原点，OF 所在直线为 x 轴建立直角坐标系，如图11③.

师：设点 F 到直线 l 的距离为 p．第一组同学推导图11①情形抛物线方程，第二组同学推导图11②情形抛物线方程，第三组同学推导图③情形抛物线方程，并进行组内交流，五分钟后每组选一名同学将得到的结果写在黑板上。（全班同学分为三个学习小组）

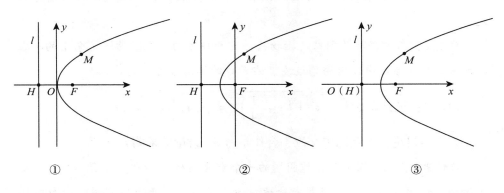

①　　　　　　　　　②　　　　　　　　　③

图11

小组成果展示：

第一组：由图11①得出抛物线方程为 $y^2 = 2px(p > 0)$.

第二组：由图11②得出抛物线方程为 $y^2 = 2px + p^2(p > 0)$.

第三组：由图11③得出抛物线方程为 $y^2 = 2px - p^2(p > 0)$.

师：上述三个方程都是抛物线方程，应以哪个方程作为它的标准方程呢？为什么？

生9：抛物线的标准方程是 $y^2 = 2px(p > 0)$，因为它的形式最简单。

师：好！求曲线方程的步骤是：设点—建系—列式—化简—检验。建系的原则是能够使方程的形式最简单，方程的形式越简洁，利用坐标法研究曲线几何性质就越简单，因此，我们称方程 $y^2 = 2px(p > 0)$ 为抛物线的标准方程，此时抛物线的顶点在坐标原点，对称轴是 x 轴，p 是点 F 到直线 l 的距离。

设计意图：运算能力是解析几何教学培养的重要数学能力之一，对于抛物线标准方程的推导由学生自己完成，有助于培养学生的数学运算素养。通过分组学习，再合作交流，让学生体会为什么抛物线的标准方程是 $y^2 = 2px(p > 0)$，使学生在求解中去发现、在过程中去感知、在交流中去认知，亲自经历知识的生成过程。

（四）纵横拓宽，激励创新

问题1：在建立椭圆、双曲线的标准方程时，选择不同坐标系我们得到了不同形式的标准方程，那么，抛物线的标准方程除 $y^2 = 2px(p > 0)$ 之外，还有其他形式吗？如果有，抛物线的标准方程、焦点坐标、准线方程及图形各是什么？

问题2：二次函数的图象是抛物线，其开口方向是向上的还是向下的？在本节课之前的学习中没有遇到过左、右开口的情形，这是为什么？

问题3：说出表达式 $\sqrt{x^2 + \left(y - \frac{1}{4}\right)^2} = \left| y + \frac{1}{4} \right|$ 的几何意义。

让学生讨论，在互动中交流、合作学习。（讨论结果略）

设计意图：设计探究与合作问题的一个重要指标是：看有没有高水平的思维活动。让学生围绕上述问题充分地讨论、交流，真正把探究性、合作性学习落到实处，不要为"活动"而"活动"。

（五）变式训练，加深理解

运用抛物线定义及标准方程知识，解决以下问题：

【案例1】根据下列条件写出抛物线 $y^2 = 2px(p > 0)$ 的标准方程。

① 焦点到准线距离为4.

② 焦点在直线 $3x - 4y - 12 = 0$ 上.

变式训练：

① 已知抛物线的焦点到准线距离为4，写出该抛物线的标准方程。

② 已知抛物线的焦点在直线 $3x - 4y - 12 = 0$ 上，写出该抛物线的标准方程。

【案例2】求下列抛物线的焦点坐标和标准方程。

① $2y^2 = 3x$.

② $y = ax^2 (a > 0)$.

首先让学生独立思考（允许讨论），同时教师进行个别指导，其次展示学习结果，最后教师剖析误区，点拨方法。

设计意图：巩固知识，突出知识的直接应用。通过变式创设情境，加强知识间的内在联系，把学生的思维引向深处。

（六）归纳小结，深化认识

（1）本节课我们主要学习了哪些内容？哪些数学思想和方法？

（2）通过本节课的学习，你有哪些收获？

上述问题先由学生回答，然后教师做补充，讨论达成共识。

设计意图：以问题为引领，先由学生自己小结，然后教师进行补充，培养学生的归纳概括能力。在总结知识、提炼方法的过程中进一步深化认识，加深对本节课知识的理解。

（七）课外学习

问题1：函数 $y = ax^2 (a \neq 0)$ 的图象为什么是抛物线？

问题2：你能从几何角度解释为什么方程 $y^2 = 2px(p > 0)$ 是抛物线的标准方程吗？

设计意图：抛物线的标准方程是通过建立不同的坐标系、比较方程的结构得到的，从几何角度说明为什么抛物线的标准方程为 $y^2 = 2px(p > 0)$，这需要进一步学习抛物线的简单几何性质，为下一节课学习抛物线的简单几何性质埋下伏笔。

四、几点思考

1. 基于课程目标，设计教学活动

《课标》指出，4.2.1《抛物线及其标准方程》的课程目标是：了解抛物线的定义、几何图形和标准方程。通过抛物线与方程的学习，进一步体会数形结合的思想。基于这一要求，在本节课的教学设计上，既注重预设，更注重生成，鼓励学生在课堂上产生不同的想法和方法；在教学方式上，有"教"有"导"，重视情景创设，鼓励学生自主学习和合作学习；在教学过程中，强调师生合作学习、共同探究、激励欣赏、心灵沟通、情感交融；在教学效果上，强调掌握知识的同时，关注学生的求知欲有没有得到最大限度的激发，学习习惯有没有获得进一步培养。

2. 创设情境，问题引领教学

基于数学学科核心素养的教学活动应该把握数学的本质，创设合适的数学情景、提出合适的数学问题，引发学生思考与交流，形成和发展数学学科核心素养。本节课的设计以问题引领探求方向，促进学生积极思考，让学生在课堂上敢想、敢说、敢做，培养他们动脑、动手的良好习惯，逐步提升他们的思维能力。

3. 理性生成，培养学生思维

《课标》指出："通过高中数学课程的学习，学生能掌握逻辑推理的基本形式，学会有逻辑地思考问题；能够在比较复杂的情境中把握事物之间的关联，把握事物发展的脉络；形成重论据，有条理、合乎逻辑的思维品质和理性精神，增强交流能力。"因此，在教学过程中应返璞归真，努力揭示数学概念、法则、结论的发展过程和本质。本节课的设计注重展现知识的生成过程，使学生在知识的生成过程中形成表述、思考、讨论、探究、实验、观察、归纳、类比等方法。知识的呈现有理有据、理性自然，让学生感到数学是讲道理的学科。

4. 多媒体技术，演绎直观生动

教师应注重信息技术与数学课程的深度融合，达到数学传统教学手段难以达到的效果。多媒体的迅猛发展，使中学数学课堂教学迎来了新的拐点。

多媒体的运用为学生的数学学习提供生动直观的展现形式，让抽象的知识直观化、复杂的问题简单化、模糊的概念清晰化，帮助学生更好地理解数学的本质。特别是以往教学难以呈现的课程内容，要尽可能利用信息技术平台，鼓励学生运用计算机、计算器等进行探索和发现。本节课的设计在多媒体应用中利用几何画板演示抛物线的定义，使学生直观了解抛物线的生成过程，加深学生对该部分知识的理解。

基于核心素养导向下的教学有两个转变：一方面是学生学习方式的转变，数学学习活动不再只限于接受、记忆、模仿和练习，还应自主学习、积极探索、动手实践、合作交流、阅读自学，使课堂成为智慧展示、能力发展的殿堂。感悟数学的魅力，体现学生个人的经验、价值与情感，满足学生的精神需要，促进学生的全面发展；另一方面是教师教学理念的改变，不仅让学生学会数学知识，还要发展学生的智力、逻辑推理能力和学科素养，让学生变得会学、爱学、乐学。

"为什么这样教" 比 "怎么教" 更重要

——以《方程的根与函数的零点》教学为例

作为全县第一届高中数学课堂教学大讲赛评委，有幸观摩了人教 A 版教材必修 2 中 3.1.1《方程的根与函数的零点》"同课异构"的教学过程，参赛选手"各领风骚"，教学设计"百花齐放"。在说课和评课环节，一些评委和参赛选手分别陈述了自己的观点和看法，特别是如何处理本节教材内容的争论最为激烈。梳理其要点，主要表现为四方面：一是认为本节课教材内容少，难度不大，在《普通高中数学课程标准（2017 年版 2020 年修订）》中要求不高，教学时间需一课时，教学突出在给定区间上函数存在零点的判断方法；二是认为该课题分两节进行，授课时间为两课时。第 1 课时学习函数零点的概念和给定区间上函数存在零点的判断方法，第 2 课时突出知识应用，教授如何研究函数零点和方程的根；三是认为本节内容分两节进行，第 1 课时学习函数零点的概念，强化学生对方程的根和函数图象关系的理解，渗透函数与方程的思想，第 2 课时探究给定区间上函数存在零点的判断方法，渗透数形结合思想；四是个别教师对本节课较多使用多媒体技术持有异议，认为用计算机绘制函数图象意义不大。

一、教学过程简记

笔者认为本节内容可分两课时进行，第 1 课时结合二次函数的图象判断一元二次方程根的存在性及根的个数，从而了解函数的零点与方程根的关系；第 2 课时以具体函数在某区间上存在零点的特点，探究在某个区间上图象连续的函数存在零点的判定方法（以下简称零点存在定理）。

3.1.1 方程的根与函数的零点（第 1 课时）

一、问题提出

问题：对于数学关系式：$2^x - 1 = 0$ 与 $y = 2^x - 1$，它们的含义分别是什么？方程 $2^x - 1 = 0$ 的根与函数 $y = 2^x - 1$ 的图象有什么关系？

二、知识探究

1. 完成下表，从该表中你可以得出方程的根与函数的图象有怎样的关系？

方程	$x^2 - 2x - 3 = 0$	$x^2 - 2x + 1 = 0$	$x^2 - 2x + 3 = 0$
函数	$y = x^2 - 2x - 3$	$y = x^2 - 2x + 1$	$y = x^2 - 2x + 3$
方程的实数根			
函数图象			
函数的图象 与 x 轴的交点			

2. 若将上述特殊的一元二次方程推广到一般的一元二次方程 $ax^2 + bx + c = 0(a \neq 0)$ 及相应二次函数 $y = ax^2 + bx + c(a \neq 0)$，又会有什么结论？（以 $a > 0$ 为例，进行探究）

3. 一般地，如何对方程 $f(x) = 0$ 的根与函数 $y = f(x)$ 图象的关系作进一步阐述？

结论：一元二次方程 $ax^2 + bx + c = 0(a \neq 0)$ 的实数根就是相应二次函数 $y = ax^2 + bx + c(a \neq 0)$ 的图象与 x 轴交点的横坐标。

三、形成概念

1. 函数的零点：使方程 $f(x) = 0$ 成立的实数 x 叫作函数 $y = f(x)$ 的零点。

2. 你能说说方程的根、函数图象与 x 轴的交点、函数的零点之间的关系吗？

方程 $f(x) = 0$ 有实数根 $\Leftrightarrow$ 函数 $y = f(x)$ 的图象与 x 轴有交点 $\Leftrightarrow$ 函数 $y = f(x)$ 有零点。

四、知识应用

例题：求下列函数的零点。

1. $f(x) = \lg(x - 1)$.

2. $f(x) = x^2 - 5x - 6$.

练习题：

1. 求函数 $f(x) = x(x^2 - 4)$ 的零点。

2. 利用函数图象判断下列方程有没有根，有几个根（人数 A 版教材必修 2 第 88 页练习 1）：

(1) $-x^2 + 3x + 5 = 0$；　　　　　(2) $2x(x - 2) = -3$；

(3) $x^2 = 4x - 4$；　　　　　　　(4) $5x^2 + 2x = 3x^2 + 5$.

方法导引：(2)(3)(4) 题启发学生将"="右边的项移至"="左边，再设"="左边的代数式为函数 $f(x)$，通过探究函数零点得出方程根的情况。还可以启发学生思考：将"="左右的代数式分别设为函数 $f(x)$，$g(x)$，探究函数 $f(x)$，$g(x)$ 的图象的交点，得出方程根的情况。

五、归纳小结

1. 大家来想想，求函数的零点有哪几种方法？

代数法：解方程，找实数根。

图象法：画图象，找与 x 轴交点的横坐标。

2. 本节课我们用到了哪些数学思想？

函数与方程的相互转化，即转化思想；借助图象探寻规律，即数形结合思想。

3.1.1 方程的根与函数的零点（第 2 课时）

一、创设情境，提出问题

1. 用计算机作出函数 $f(x) = \ln x + 2x - 6$ 的图象，并利用函数图象判断方程 $\ln x + 2x - 6 = 0$ 有没有根，有几个根？

2. 函数 $f(x) = \ln x + 2x - 6$ 在区间 $(2, 3)$ 内有零点，如何通过代数方法来判断？

二、互助讨论，探究规律

1. 多媒体演示 $f(x) = x^2 - 2x - 3$ 的函数图象，观察函数零点左右两侧函数值符号的变化情况。

2. 观察二次函数 $f(x) = x^2 - 2x - 3$ 的图象（图 12），我们发现函数 $f(x) = x^2 - 2x - 3$ 在区间 $[-2, 1]$ 上有零点，计算 $f(-2)$ 与 $f(1)$ 的乘积，这个乘积有什么特点？在区间 $[2, 4]$ 上是否也具有这种特点？（人教 A 版教

材必修 2 第 87 页探究）

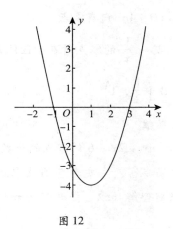

图 12

3. 作出函数 $y = 2^x - 2$（描点作图）和 $y = e^{x-1} + 4x - 4$（计算机作图）的图象，看看是否能得出同样的结果。

4. 观察函数 $f(x) = x^2 - 2x - 3$，$y = 2^x - 2$ 和 $y = e^{x-1} + 4x - 4$ 的图象，它们有什么共同特征？函数零点左右两侧函数值乘积有什么特点？

结论：①在函数零点所在区间的函数图象是一条连续不断的曲线；②乘积为负值。

三、抽象结论，理解定理

函数零点存在定理：如果函数 $y = f(x)$ 在区间 $[a, b]$ 上的图象是一条连续不断的曲线，并且有 $f(a) \cdot f(b) < 0$，那么函数 $y = f(x)$ 在区间 (a, b) 内有零点。即存在 $c \in (a, b)$，使得 $f(c) = 0$，这个 c 也就是方程 $f(x) = 0$ 的根，即函数 $y = f(x)$ 的零点。

思考 1：函数 $y = f(x)$ 在区间 $[a, b]$ 上的图象是连续不断的曲线，且 $f(a) \cdot f(b) < 0$，则函数 $f(x)$ 在区间 (a, b) 内至少有一个零点吗？

若函数 $y = f(x)$ 在区间 $[a, b]$ 上的图象是连续不断的曲线，$f(a) \cdot f(b) < 0$，则 $f(x)$ 在区间 (a, b) 内就一定有一个零点吗？在什么条件下，函数 $y = f(x)$ 在区间 (a, b) 上存在唯一零点？

思考 2：若函数 $f(x)$ 的图象是连续不断的，且 $f(0) > 0$，$f(1) \cdot f(2) \cdot f(4) < 0$，则下列命题正确的是（　　　）

A. 函数 $f(x)$ 在区间 $(0, 1)$ 内有零点

B. 函数 $f(x)$ 在区间 $(1, 2)$ 内有零点

C. 函数 $f(x)$ 在区间 $(0, 2)$ 内有零点

D. 函数 $f(x)$ 在区间 $(0, 4)$ 内有零点

思考3：函数 $f(x) = 2^x - \dfrac{1}{x}$ 的零点所在的区间是（　　　）

A. $\left(0, \dfrac{1}{2}\right)$　　　B. $\left(\dfrac{1}{2}, 1\right)$　　　C. $\left(1, \dfrac{3}{2}\right)$　　　D. $\left(\dfrac{3}{2}, 2\right)$

四、知识应用，深化思维

例题：求函数 $f(x) = \ln x + 2x - 6$ 的零点的个数。

这道题寓意深刻，内涵丰富，主要考查函数零点存在定理和数形结合思想的应用，有助于学生深刻理解知识，提升能力和培养学科素养，解析时要抓住以下几个方面。

① 用计算机或计算器作出 x 与 $f(x) = \ln x + 2x - 6$ 的对应值表。

x	…	1	2	3	4	…
$f(x)$	…	-4	-1.306	1.0986	3.3863	…

② 观察函数 $f(x) = \ln x + 2x - 6$ 图象的特点，结合上表验证 $f(2) \cdot f(3) < 0$，$f(1) \cdot f(2) > 0$，$f(3) \cdot f(4) > 0$ … 所以函数在 $(2, 3)$ 内有零点，在 $(1, 2)$，$(3, 4)$ … 内没有零点。

③ 说明函数 $f(x)$ 在定义域 $(0, +\infty)$ 内是增函数，所以它仅有一个零点。

④ 如果方程 $\ln x + 2x - 6 = 0$ 变形为 $\ln x = -2x + 6$，将"＝"左右两侧的代数式分别设为函数 $f(x)$，$g(x)$，探究函数 $f(x)$，$g(x)$ 图象的交点，得出方程根的情况，进而求出函数 $f(x) = \ln x + 2x - 6$ 的零点的个数。

五、反思小结，提升能力

1. 如何判定在某区间上图象连续的函数是否存在零点？

2. 本节课我们学习了哪些数学思想方法？通过学习对我们研究数学问题有何启发？

二、为什么这样教

1. 学生认知困难

学生在初中学习过一元一次方程、一次函数和二次函数的图象和性质，但初中教材编写时把方程和函数各自独立出来，没有体现出它们之间的关系，

导致学生对方程和函数没有形成联系，缺乏统一认识。本节课恰好揭示了方程的根、函数图象和函数零点之间的密切关系，这就需要学生从函数的图象和性质出发，理解函数与方程的性质。由于高一学生没有形成联系综合的学习思维，数形结合思想淡薄，因而造成了认知困难。

2. 教材地位的认识

函数思想是用运动和变化的观点分析和研究数学中的数量关系。建立函数关系或构造函数，运用函数的图象和性质分析、转化来解决问题是函数思想的重要体现。方程思想就是分析数学问题中变量间的等量关系，建立或构造方程，借助方程的性质解决问题。函数与方程思想是高中数学的主线之一，是主要的数学思想方法。为了提高学生对函数的广泛应用和函数与其他知识内在的联系，教材通过研究一元二次方程的根及相应的函数图象与 x 轴交点横坐标的关系，得出函数零点的定义；借助多媒体技术，以具体函数为依托，探究在某区间上图象连续的函数存在零点的判断方法。从形式上看，介绍的是函数与方程的根之间的关系，实质上是让学生初步形成用函数观点处理问题的意识，渗透函数与方程思想和数形结合思想，为下一节学习《函数模型及其应用》和以后学习其他内容奠定基础。

3. 教材编写意图

教材选取探究具体的一元二次方程的根及相应的二次函数图象与 x 轴交点横坐标的关系作为本节内容的切入点，其意图是让学生从熟知的环境发现知识，体会函数、方程和不等式等内容的联系。通过大量的具体函数的图象，引导学生识图、观图、用图，归纳总结方程的根、函数图象和函数零点之间的关系及零点存在定理，遵循从具体到一般的认识过程。貌似轻描淡写，实则是"大道无形，大巧不工"，其核心就是突出渗透数学思想，即函数与方程思想、数形结合思想，揭示认知事物的方法，培养学生的数学核心素养，感受数学文化的熏陶。

4. 教给学生的内容

"为什么这样教""教到什么程度"决定"教给学生什么"。为此，针对《方程的根与函数的零点》教学，提出以下建议。

（1）让学生发现一元二次方程 $ax^2 + bx + c = 0(a \neq 0)$ 的根就是二次函数 $y = ax^2 + bx + c(a \neq 0)$ 的图象与 x 轴交点的横坐标。从而揭示方程的根与函数的图象及函数零点之间的关系，渗透数形结合思想。

（2）结合第 87 页探究问题和一些具体函数图象发现在某区间上存在零点的判断方法，通过讲解第 87 页例 1，借助表格体会零点存在定理，感受从特殊到一般、具体到抽象的认识事物的过程，体会研究数学问题的方法。

（3）突出几何画板和 Excel 功能，让学生了解如何用计算机作函数 $f(x)$ $= \ln x + 2x - 6$ 的图象，从代数（x, $f(x)$ 的对应值）和图象两个角度认知、体会函数零点存在定理。从以形助数再到以数定形，相得益彰，感悟数形结合思想的魅力。

（4）通过第 88 页练习题 1（2）（3）（4）问启发学生思考：将"＝"左右两边的代数式分别设为函数 $f(x)$, $g(x)$，探究函数 $f(x)$, $g(x)$ 图象的交点得出方程的根的情况，使学生初步掌握研究函数零点的基本方法：求出方程的根；确定函数图象与 x 轴交点的个数；确定一个函数图象与另一个函数图象的交点等，为以后学习导数应用埋下伏笔。

尼采认为："一个人知道自己为什么而活，他就可以忍受任何一种生活。"教学也一样，只有你明白了为什么这样教，才能准确领会教材实质，不舍本逐末，遵循教材但也不拘泥于教材，做到"用教材教"而不是"教教材"。这样，我们的教学目标定位就会准确，切合学生实际，满足学生学习需求，最大限度地提高学生的逻辑思维能力，培养他们的理性精神和数学素养。

如何提高数学作业的讲评效果

课本习题具有极其丰富的内涵，它不仅使学生理解、巩固所学知识，而且对学生形成良好的数学素养、发展智能起着积极作用。但是当前许多教师忽视对课本作业的研究，即使讲评也是"蜻蜓点水"，方法不当。主要表现在以下几个方面。

一是准备不充分。教师在讲评作业之前没有对作业进行深入了解，对学生的解题情况没有统计和分析、对学生错误的原因没有深刻剖析、教学中缺少变式拓展的内容等。

二是重结果，轻分析。一些教师在讲评作业时只关注习题答案的公布，一些有一定难度、学生易错的题目得不到应有的分析、讲解与变式，使学生无法真正理解题目的内涵。

三是"纠错"不"防错"。一些教师讲评作业时更多地关注学生在作业中出现的错误解法，只重视改错、纠错，忽视了如何防止错误发生的指导。

四是就作业论作业。有些教师讲评作业时仅限于学生不会做的题目，讲解该题的解答过程，忽视题目对知识点、方法、思想的综合梳理，不能帮助学生完善知识体系。

要让学生走出"题海"，实现从"解题"到"解决问题"的转变，必须立足教材，深刻挖掘课本习题。下面结合自己的教学实际，在作业讲评中有效利用课本习题，培养学生数学核心素养，谈一谈做法。

一、凸显错误，正本清源

作业中出现的错误是学生思维过程的再现，有许多合理因素。讲评时仅仅把正确答案教授给学生起不到多大效果，要有效地利用错误资源，引导学生认识到错误的根源，自己发现出错的原因，达到以"误"导"悟"的目的。

【案例1】甲、已两地相距 s km，汽车从甲地匀速行驶到乙地，速度不超过 c km/h. 已知汽车每小时的运输成本（单位：元）由可变部分和固定部分组成：可变部分与速度 v（单位：km/h）的平方成正比，且比例系数为 b；固定部分为 a 元（ $a \leqslant bc^2$ ）. 为了使全程运输成本最小，汽车应以多大的速度行驶？（人教 A 版必修 5 第 103 页复习参考题 A 组第 8 题）

错解：设全程运输成本为 y 元，则由题意得：

$$y = (bv^2 + a) \cdot \frac{s}{v} = bvs + \frac{as}{v} \geqslant 2\sqrt{bvs \cdot \frac{as}{v}} = 2s\sqrt{ab} \text{（当且仅当 } bvs = \frac{as}{v},$$

即 $v = \sqrt{\dfrac{a}{b}}$ 时取" = "号）. 故当 $v = \sqrt{\dfrac{a}{b}}$ 时，$y_{\min} = 2s\sqrt{ab}$.

这是大多数同学的解法，结果是正确的，但解答过程是有问题的。表面上看忽视了条件" $a \leqslant bc^2$ "，但真正的错因是没有说明是否满足 $v = \sqrt{\dfrac{a}{b}} \in (0, c]$. 也就是利用基本不等式求最值没有考虑" = "号是否成立这一条件。讲评这道题时可以放宽题目条件：去掉" $a \leqslant bc^2$ "，再让学生去做，明确当" $a > bc^2$ "时是无法利用基本不等式求最小值的，应借助函数单调性求解。通过寻找错误的根源，以"误"引"辩"，辨清矛盾，真正理解利用基本不等式求最值为什么要验证" = "号成立。

二、一题多解，优化思维

在作业批改中发现部分学生思路开阔，解法灵活多样，使教者受益匪浅。讲评这类习题时，对来自学生群体的精妙的解法深入分析、点评、总结，引导他们从不同角度再思考，培养观察、联想、迁移能力和追求优解的思维品质。

【案例2】如图 13，四面体 $D - ABC$ 中，AB，BC，BD 两两互相垂直，且 $AB = BC = 2$，点 E 是 AC 的中点，异面直线 AD 与 BE 所成的角为 θ，且 $\cos\theta = \dfrac{\sqrt{10}}{10}$，求四面体 $D - ABC$ 的体积（人教 A 版选修 2 - 1 第 113 页 B 组 1 题）。

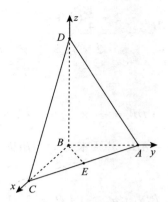

图13

方法1：建立如图13所示的空间直角坐标系，设 $A(0, 2, 0)$，$B(0, 0, 0)$，$C(2, 0, 0)$，$D(0, 0, a)$，$E(1, 1, 0)$，

则 $\overrightarrow{BE} = (1, 1, 0)$，$\overrightarrow{AD} = (0, 2, a)$．

由于 $\cos\theta = \left| \dfrac{\overrightarrow{BE} \cdot \overrightarrow{AD}}{|\overrightarrow{BE}||\overrightarrow{AD}|} \right| = \dfrac{2}{\sqrt{2} \cdot \sqrt{a^2 + 4}} = \dfrac{\sqrt{10}}{10}$，

解得 $a = 4$．

所以 $V_{D-ABC} = \dfrac{1}{3} S_{\triangle ABC} \cdot DB = \dfrac{1}{3} \times \dfrac{1}{2} \times 2 \times 2 \times 4 = \dfrac{8}{3}$．

方法2：取 CD 的中点 F（如图14），AC 的中点 E．因为 $EF \parallel AD$，

所以 $\angle FEB = \theta$，设 $BD = a$，在 $\triangle BEF$ 中，$BE = \sqrt{2}$，

$EF = \dfrac{1}{2} AD = \dfrac{1}{2}\sqrt{4 + a^2}$，$BF = \dfrac{1}{2}\sqrt{4 + a^2}$．

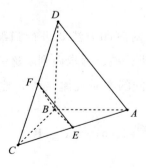

图14

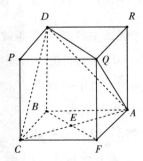

图15

$$\cos\theta = \frac{BE^2 + EF^2 - BF^2}{2BE \cdot EF} = \frac{2 + \frac{1}{4}(4 + a^2) - \frac{1}{4}(4 + a^2)}{2 \times \sqrt{2} \times \frac{1}{2} \times \sqrt{4 + a^2}} = \frac{\sqrt{10}}{10},$$

解得 $a = 4$，

所以 $V_{D-ABC} = \frac{1}{3}S_{\triangle ABC} \cdot DB = \frac{1}{3} \times \frac{1}{2} \times 2 \times 2 \times 4 = \frac{8}{3}$.

方法 3：把三棱锥 $D - ABC$ 补成长方体 $ABCF - RDPQ$（如图 15），则 $\angle ADQ = \theta$.

设 AC 与 BF 交于 E，$BD = a$，则 $DQ = 2\sqrt{2}$，$AQ = \sqrt{a^2 + 4}$，$AD = \sqrt{a^2 + 4}$.

在 $\triangle ADQ$ 中，

$$\cos\theta = \frac{DQ^2 + AD^2 - AQ^2}{2DQ \cdot AD} = \frac{8 + a^2 + 4 - (a^2 + 4)}{2 \times 2\sqrt{2} \times \sqrt{a^2 + 4}} = \frac{\sqrt{2}}{\sqrt{a^2 + 4}} = \frac{\sqrt{10}}{10},$$

解得 $a = 4$，所以 $V_{D-ABC} = \frac{1}{3}S_{\triangle ABC} \cdot DB = \frac{1}{3} \times \frac{1}{2} \times 2 \times 2 \times 4 = \frac{8}{3}$.

由于这道题是学习了空间向量后的作业题，绝大多数同学都采用了方法 1，只有个别同学选择方法 2，作出异面直线所成的角，通过几何法解答。讲评时在充分肯定方法 1 的同时，要鼓励、赞扬采用方法 2 的学生，再借助解法 2 因势利导把三棱锥 $D - ABC$ 补成长方体 $ABCF - RDPQ$ 来求解，即方法 3：从多种解法找出共性，筛选出解决问题的最佳途径，使解题方法系统化，培养学生的思维能力，可谓"一箭双雕"。

三、多题一解，举一反三

高考试题主要是考查通解、同性、通法，对解题方法要进行归纳总结，以达到举一反三的目的。对课本同一类习题归类讲授，力求做到吃透一道题，掌握一类题，悟出一种方法，看到同类问题之间的本质规律，真正把学生从"题海"中解放出来。

【案例3】（1）已知函数 $y = (\sin x + \cos x)^2 + 2\cos^2 x$，$x \in \mathbf{R}$.

Ⅰ. 求它的递减区间；

Ⅱ. 求它的最大值和最小值（人教 A 版必修 4 第 147 页复习参考题 A 组 9 题）。

（2）已知函数 $f(x) = \cos^4 x - 2\sin x\cos x - \sin^4 x$.

Ⅰ. 求 $f(x)$ 的最小正周期；

Ⅱ. 当 $x \in \left[0, \dfrac{\pi}{2}\right]$ 时，求 $f(x)$ 最小值以及取得最小值时 x 的集合（人教 A 版必修 4 第 147 页复习参考题 A 组 10 题）。

（3）已知函数 $f(x) = 2\sin x(\sin x + \cos x)$.

Ⅰ. 求 $f(x)$ 的最小正周期和最大值；

Ⅱ. 画出函数 $y = f(x)$ 在区间 $\left[-\dfrac{\pi}{2}, \dfrac{\pi}{2}\right]$ 上的图象（人教 A 版必修 4 第 147 页复习参考题 A 组 11 题）。

（4）已知函数 $f(x) = \sin\left(x + \dfrac{\pi}{6}\right) + \sin\left(x - \dfrac{\pi}{6}\right) + \cos x + a$ 的最大值为 1.

Ⅰ. 求常数 a 的值；

Ⅱ. 求使 $f(x) \geqslant 0$ 成立的 x 的取值集合（人教 A 版必修 4 第 147 页复习参考题 A 组 12 题）。

（5）若函数 $f(x) = \sqrt{3}\sin 2x + 2\cos^2 x + m$ 在区间 $\left[0, \dfrac{\pi}{2}\right]$ 上的最大值为 6，求常数 m 的值及此时函数当 $x \in \mathbf{R}$ 时的最小值，并求相应的 x 的取值集合（人教 A 版必修 4 第 147 页复习参考题 B 组 2 题）。

上述五道题尽管形式不同，但具有共同特点：给出三角函数式，研究其性质和图象，如周期、单调区间、最值等。讲评时对解答过程进行比较，得出解决这类问题的一般方法：通过三角恒等变换把所给的三角函数式化为形如 $y = A\sin(\omega x + \varphi) + k$（$\omega > 0$）或 $y = A\cos(\omega x + \varphi) + k$（$\omega > 0$）的形式，再结合正弦或余弦函数的性质求解，这是解决三角函数性质问题的基本方法。

四、问题引领，分解难点

课本习题的 B 组题有许多都是过去高考试题的改编或再现，综合性强、思维含量高，有一定难度。笔者在教学中发现学习新课后，学生完成这些作业有一定难度，个别题目即使讲解了也有部分学生听不懂。对于这类习题，作业讲评时要分解目标，实施难点突破，设计一些有提示性的问题链，通过逐步解决分目标来解决有难度的问题。

【案例4】已知数列 $\{a_n\}$ 中，$a_1 = 5$，$a_2 = 2$，$a_n = 2a_{n-1} + 3a_{n-2}(n \geq 3)$，对这个数列的通项公式作一研究，能否写出它的通项公式？（人教 A 版必修 5 第 69 页复习参考题 B 组 6 题）

解：递推关系 $a_n = 2a_{n-1} + 3a_{n-2}(n \geq 3)$，变形为：$a_n + a_{n-1} = 3(a_{n-1} + a_{n-2})$，$a_n - 3a_{n-1} = -(a_{n-1} - 3a_{n-2})(n \geq 3)$，得出 $\{a_n + a_{n-1}\}$ 和 $\{a_n - 3a_{n-1}\}$ 都是等比数列，求得 $a_n + a_{n-1} = 3^{n-2} \times 7$，$a_n - 3a_{n-1} = (-1)^{n-1} \times 13$.

所以 $a_n = \dfrac{1}{4}[3^{n-1} \times 7 + (-1)^{n-1} \times 13]$.

这是教学参考书给出的解答，这一解法许多学生表示难以接受，为了使学生更容易理解，讲评这道题时教师可以设计以下问题链。

（1）如果 $a_n = 2a_{n-1}(n \geq 2)$，求 a_n.

（2）如果 $a_n = 2a_{n-1} + 3(n \geq 2)$，求 a_n.

（3）求证：数列 $\{a_n + a_{n-1}\}(n \geq 2)$ 是等比数列。

（4）求证：数列 $\{a_n - 3a_{n-1}\}(n \geq 2)$ 是等比数列。

（5）求 $a_n + a_{n-1}$，$a_n - 3a_{n-1}(n \geq 2)$ 及 a_n.

通过问题链减小坡度，给学生搭一个"梯子"，促进其思考，在化解难度的同时，对求数列通项公式进行归纳总结。

五、拓展延伸，深化思维

课本习题配合教材内容设计，相对而言绝大多数题目难度不大，提升学生的思维品质，培养数学核心素养，仅靠这些题目是不够的。讲评作业题时教师要引导学生对课本习题进行探究、拓展延伸，提高学生认知水平，培养学生解题能力，培育和发展学生数学素养。

【案例5】在 $\triangle ABC$ 中，若 $\overrightarrow{OA} \cdot \overrightarrow{OB} = \overrightarrow{OB} \cdot \overrightarrow{OC} = \overrightarrow{OA} \cdot \overrightarrow{OC}$，那么点 O 在 $\triangle ABC$ 的什么位置？（人教 A 版必修 4 第 120 页复习参考题 B 组 8 题）

若 $\overrightarrow{OA} \cdot \overrightarrow{OB} = \overrightarrow{OB} \cdot \overrightarrow{OC} = \overrightarrow{OA} \cdot \overrightarrow{OC}$，那么点 O 是 $\triangle ABC$ 的垂心。

这道题容易解决，但完成作业后有个别学生提出这样的问题：如果点 O 是 $\triangle ABC$ 的外心、重心，或内心，那么 O 满足什么向量条件？这个问题提得好，教师要以该问题为契机，引导学生对平面向量中三角形的"四心"（重心、外心、内心、垂心）问题进行探究。满足式子 $|\overrightarrow{OA}| = |\overrightarrow{OB}| = |\overrightarrow{OC}|$ 的

点 O 是 $\triangle ABC$ 的外心；满足式子 $\overrightarrow{GA}+\overrightarrow{GB}+\overrightarrow{GC}=\vec{0}$ 的点 G 是 $\triangle ABC$ 的重心；满足式子 $a\overrightarrow{OA}+b\overrightarrow{OB}+c\overrightarrow{OC}=\vec{0}$（$a$，$b$，$c$ 分别是 $\triangle ABC$ 中 BC，AC，AB 的边长）的点 O 是 $\triangle ABC$ 的内心等。

六、变式训练，开拓视角

教材中的每一道习题都是众多学者专家经过深思熟虑后编写的，有些题目貌似简单，但内涵丰富，如果就题论题，就无法呈现编者的意图，浪费了良好的教学资源。讲评时要对试题适当挖掘，进行变式训练，通过变式创设情境，加强知识间的内在联系，把学生的思维引向深处。

【案例6】过抛物线 $y^2=2px(p>0)$ 的焦点 F 作直线与抛物线交于 A，B 两点，以 AB 为直径画圆，借助信息技术工具，观察它与抛物线准线 l 的关系，你能得到什么结论？你能证明你的结论吗？（人教 A 版选修 2－1 第 81 页复习参考题 B 组 7 题）

变式1：如图16①，设点 M 为抛物线准线 l 与 x 轴的交点，则 $\angle AMF$ 与 $\angle BMF$ 的大小关系如何？

变式2：如图16②，设过点 A，B 分别作准线 l 的垂线，垂足分别为 C，D，则 $\angle CFD$ 的大小如何？

变式3：如图16③，设过点 A 和抛物线顶点 O 的直线交抛物线的准线 l 于 D，求证：直线 DB 平行于抛物线的对称轴。

变式4：如图16③，过点 B 作平行于抛物线对称轴的直线 BD 交抛物线的准线 l 于 D，求证：A，O，D 三点在一条直线上。

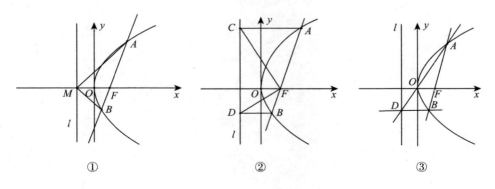

① ② ③

图 16

抛物线的"焦点弦"内涵丰富，通过例 6 的变式学习，让学生在求解"焦点弦"的问题时，回归定义，从几何、代数两个角度去思考，开阔解题思路，使所学知识融会贯通，培养学生的思辨品质。

教材具有极其丰富的内涵，弹性较大，给教师留有很大的教学空间。在教学中对课本习题要仔细琢磨、品味、感悟，最大限度地发挥其功能，折射出它应有的光亮，这样教学才会接地气，才能把培养学生的数学核心素养落到实处。

一堂利用"错误资源"的高考复习课

在复习课教学中有三种误区：一是教师展示题目后，没等学生弄清怎么回事就开始头头是道地分析起来，或者没等学生进行充分的思考就开始提问；二是没有展示学生的学习成果，或只展示结果不展示过程；三是从学生暴露出来的问题中不能及时捕捉有价值的信息，甚至对问题视而不见，浪费最佳教学资源。这些做法实际上是剥夺了学生思维的时间与空间，使我们的教学陷入尴尬的境地，导致教师只能用自己的思维填补学生的思维，强迫学生被动接受，破坏了学生思维的自主性和独立性。如何挖掘学生错误问题中合理的成分，充分利用课堂生成资源，找出学生出错的原因，构建认知结构，培养学生的思维能力，提升他们的数学核心素养，使教学更有效呢？

一、教学过程简述

题目：已知 $x > 0$，$y > 0$，且 $\dfrac{1}{x} + \dfrac{1}{y} = 1$，求 $x + 2y$ 的最小值。

师：请同学们思考后，发表自己的见解。

生 1：因为 $1 = \dfrac{1}{x} + \dfrac{1}{y} \geq 2\sqrt{\dfrac{1}{xy}}$，即 $xy \geq 4$，当且仅当 $\dfrac{1}{x} = \dfrac{1}{y}$ 即 $x = y$ 时取等号，又因为 $x + 2y \geq 2\sqrt{x \cdot 2y} \geq 2\sqrt{2 \times 4} = 4\sqrt{2}$，所以 $x + 2y$ 的最小值是 $4\sqrt{2}$.

生 2：生 1 解法有问题，第一次应用基本不等式等号成立的条件是 $x = y$，第二次应用基本不等式等号成立的条件是 $x = 2y$，因此 $x + 2y \geq 4\sqrt{2}$ 成立的条件是 $x = y$ 且 $x = 2y$，即 $x = y = 0$，这与已知条件矛盾。

师：非常好！要用基本不等式求最值，必须考察"各项为正、积（或和）

123

为定值、等号成立"这三个条件，等号不成立就不能利用基本不等式。还有没有别的解法吗？

生3：$x + 2y \geqslant 2\sqrt{x \cdot 2y}$，当且仅当 $\dfrac{1}{x} + \dfrac{1}{y} = 1$ 且 $x = 2y$，即 $x = 3$，$y = \dfrac{3}{2}$ 时取等号，所以 $x + 2y$ 的最小值是 $3 + 2 \times \dfrac{3}{2} = 6$.

师：过程很简洁，有没有问题？

生4：不能将 $x + 2y \geqslant 2\sqrt{x \cdot 2y}$ 中由等号成立解出 $x = 3$，$y = \dfrac{3}{2}$ 代入 $x + 2y$ 得到最小值，因为要用基本不等式求最值，必须考察"定值"这一条件，这里并没有出现"定值"。

师：说得很好！在这里若 $2\sqrt{2xy}$ 不确定，$x + 2y$ 的下限 $2\sqrt{2xy}$ 是不确定的，而 $x = 2y$ 不过是 $x + 2y$ 取到每一个（变化的）下限时的条件，单独使用没有意义。哪位同学还有其他的解法？

生5：$x + 2y = \left(\dfrac{1}{x} + \dfrac{1}{y} \right)(x + 2y) = 3 + \dfrac{2y}{x} + \dfrac{x}{y} \geqslant 3 + 2\sqrt{2}$，当且仅当 $\dfrac{1}{x} + \dfrac{1}{y} = 1$ 且 $\dfrac{2y}{x} = \dfrac{x}{y}$，即 $x = 1 + \sqrt{2}$，$y = 1 + \dfrac{\sqrt{2}}{2}$ 时取等号，所以 $x + 2y$ 的最小值是 $3 + 2\sqrt{2}$.

师：利用"1"作整体代换，解法简洁，非常好！前两位同学的解法尽管是错误的，但错误中有可贵之处，通过其错误使我们认识到要用基本不等式求最值，必须考察"正、定、等"三条件，缺一不可。

生6：老师，由"1"我想到 $\sin^2\alpha + \cos^2\alpha = 1$，还可以用换元法来解。

师：请说说你的思路，供同学们参考。

生6：令 $\dfrac{1}{x} = \sin^2\alpha$，$\dfrac{1}{y} = \cos^2\alpha$，则 $x = \dfrac{1}{\sin^2\alpha}$，$y = \dfrac{1}{\cos^2\alpha}$，代入得：

$$x + 2y = \dfrac{1}{\sin^2\alpha} + 2\dfrac{1}{(\cos^2\alpha)} = 1 + \dfrac{1}{\tan^2\alpha} + 2(1 + \tan^2\alpha) = 3 + 2\tan^2\alpha + \dfrac{1}{\tan^2\alpha}$$

$$\geqslant 3 + 2\sqrt{2\tan^2\alpha \cdot \dfrac{1}{\tan^2\alpha}} = 3 + 2\sqrt{2}.$$

师：想法太精彩了，请同学们给予掌声。

生7：老师，生6思路很有创造性，但不严谨，要加上条件 $0 < \alpha < \dfrac{\pi}{2}$.

师：还有吗？

生7：要讨论取"="的条件。

师：如何讨论呢？

生7：当且仅当 $2\tan^2\alpha = \dfrac{1}{\tan^2\alpha}$ 即 $\tan^2\alpha = \dfrac{\sqrt{2}}{2}$，所以 $x = \dfrac{1}{\sin^2\alpha} = \sqrt{2}+1$，$y = \dfrac{1}{\cos^2\alpha} = 1 + \dfrac{\sqrt{2}}{2}$.

师：补充得很完善，基本不等式求最值的三个条件我们前面反复强调过，一定要引起重视。还有别的解法吗？

生8：可以消元，将二元目标式转化为一元函数的最值。

师：请把你的解答过程给同学们展示一下。

生8：由 $\dfrac{1}{x} + \dfrac{1}{y} = 1$ 得，$x + y = xy$，用 x 表示 $y = \dfrac{x}{x-1}$，所以 $x + 2y = x + 2\dfrac{x}{(x-1)} = x + \dfrac{2x-2+2}{x-1} = (x-1) + \dfrac{2}{x-1} + 2 + 1 \geqslant 2\sqrt{(x-1)\cdot\dfrac{2}{x-1}}$

$+ 3 \geqslant 3 + 2\sqrt{2}$. 当且仅当 $x - 1 = \dfrac{2}{x-1}$，即 $x = 1 + \sqrt{2}$，$y = 1 + \dfrac{\sqrt{2}}{2}$ 时取等号。

师：还有没有不同意见？

生9：用基本不等式求最值，要考虑各项为"正"，在这里没有说明 x 的范围，要添加由 $y = \dfrac{x}{x-1} > 0$，得 $x > 1$.

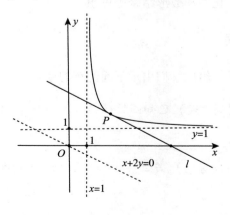

图 17

师：很好！还有别的方法吗？

师：（启发引导）如果令 $z = x + 2y$，得到一个线性目标函数，能不能求出 $z = x + 2y$ 的最小值？

生 10：可以用线性规划的知识求出 $z = x + 2y$ 的最小值。

师：请你写出解答过程。

生 10：由已知条件得：约束条件 $\begin{cases} x > 1 \\ y > 1 \\ y = \dfrac{x}{x-1} \end{cases}$，可如图 17 所示，平移直

线 $x + 2y = 0$ 与曲线 $y = \dfrac{x}{x-1}$ 相切于点 P，则点 $P(x, y)$ 为最优解，由

$\begin{cases} z = x + 2y \\ y = \dfrac{x}{x-1} \end{cases}$，得 $2y^2 - (z+1)y + z = 0$，因为 $\Delta = (z+1)^2 - 8z = 0$，所以 z

$= 3 + 2\sqrt{2}$ 或 $z = 3 - 2\sqrt{2}$（舍去），此时 $x = \sqrt{2} + 1$，$y = 1 + \dfrac{\sqrt{2}}{2}$，即 $x + 2y$ 的

最小值是 $z = 3 + 2\sqrt{2}$.

师：很好！二元一次方程式最值可用线性规划的知识求解。通过上述辨析及多种解法，我们总结一下求二元目标函数最值的一般方法：不等式（基本不等式及变式）、线性规划、二元目标函数转化一元函数和换元法等，体现了函数与方程转化、化归和数形结合等思想。

二、感悟高考

经过上述探究后，给同学们出示下面的练习题：

1. （四川卷文科高考题）已知函数 $f(x) = 4x + \dfrac{a}{x}$（$x > 0$，$a > 0$）在 $x = 3$

时取得最小值，则 $a = $ _____.

2. （福建卷文科高考题）若 $2^x + 2^y = 1$，则 $x + y$ 的取值范围是（   ）

A. $[0, 2]$ B. $[-2, 0]$

C. $[-2, +\infty)$ D. $(-\infty, -2]$

3. （天津卷文科高考题）设 $a + b = 2$，且 $b > 0$，则 $\dfrac{1}{2|a|} + \dfrac{|a|}{b}$ 的最小

值为 _____ .

4. （山东卷理科高考题）设正实数 x , y , z 满足 $x^2 - 3xy + 4y^2 - z = 0$ ，则当 $\dfrac{xy}{z}$ 取得最大值时， $\dfrac{2}{x} + \dfrac{1}{y} - \dfrac{2}{z}$ 的最大值为 （   ）

A. 0   B. 1   C. $\dfrac{9}{4}$ D. 3

三、教学反思

1. 学生的思维丰富多彩，有很多奇思妙想。教学中要让学生的思维活动充分暴露，真实地反映他们对知识的理解状况，无论对错，都是促进学生理解概念的好素材，也是培养学生发现问题、提出问题和解决问题能力的最佳机会。

2. 善于利用学生的错误，以"误"引"辩"，以"误"导"悟"。辨清矛盾、碰撞错误，特别是对有价值的错误要深入诱导，引发学生思考、探究和反思，培养其思维能力。

3. 学会倾听，尊重学生的思维过程，让学生把话讲完，采取追问的方式，经过交流、讨论，学生互相纠正错误，对学生在课堂上出现的生成性问题不要扑灭学生思维的火花，教师要敢于挑战自我。

把课堂交给学生，信任学生。学生一看就懂的，回答正确的问题不要重复讲述，力求围绕重点和难点设计探究问题。利用学生的错误引导他们寻找解决问题的方法，使学生参与教学的全过程，进一步构建完善的知识结构，培养学生的思维能力。

基于习题进行数学探究学习的策略构建

数学探究是指学生围绕某个数学问题自主探究、学习的过程。探究性学习是指学习者的探究、思索和建立知识体系的学习活动，是学生积极主动、合作交流、勇于探索的学习方式，是发挥学生学习的主动性，使学生的学习过程成为教师指导下"再创造"的过程。在数学学习中，引导学生探究学习，能使学生充分发挥学习潜能，最大限度地培养学生的数学能力，提升数学核心素养。下面谈谈基于习题如何构建数学探究学习。

一、借题编题，以点串线

许多高考试题取自课本中的例题、习题或者是把课本中的例题和习题进行加工、改造，因此，教学中应精选一些典型的课本例题、习题，引导学生深入探索和发现各式各样的变式，编出一些综合性强、涉及面广的新问题，通过借题编题的训练达到以点串线、练少悟多、全面沟通数学知识的目的，培养学生勤思、善想、好问、深钻的良好习惯。

【案例1】湘教版教材选择性必修1第141页习题3.3第11题：过抛物线 $y^2 = 2px(p > 0)$ 焦点的一条直线和此抛物线相交，两个交点纵坐标分别为 y_1，y_2，求证：$y_1 y_2 = -p^2$.

学习抛物线的定义、标准方程和几何性质时，先把该题作为母题让学生证明。证完后，要求学生对其进行变式研究，引导学生变换出一系列问题。

（1）设抛物线 $y^2 = 2px(p > 0)$ 的焦点为 F，经过点 F 的直线交抛物线于 A，B 两点，点 C 在抛物线准线上，且 $BC \parallel x$ 轴，求证：直线 AB 过原点 O.

（2）过抛物线 $y^2 = 2px(p > 0)$ 的焦点 F 作直线与它相交于 P_1，P_2 两点，过这两点分别作对称轴的垂线，垂足分别 Q_1，Q_2. 求证：$|OF|$ 为 $|OQ_1|$ 和

$|OQ_2|$ 的等比中项。

（3）若任意一条直线与抛物线 $y^2 = 2px(p > 0)$ 交于 P_1，P_2 两点，交 x 轴于点 A，设 $P_1(x_1，y_1)$，$P_2(x_2，y_2)$，$A(x_3，0)$．

求证：x_1，x_3，x_2 成等比数列。

（4）自抛物线 $y^2 = 2px(p > 0)$ 的顶点引出互相垂直的两条直线，并交抛物线于 P，Q 两点，求证：直线 PQ 交对称轴于定点。

从一道题引出一串题，能帮助学生完善知识结构和认知结构，达到由表及里的功效，培养了学生的思维能力，并能加深他们的印象。

二、横向联想，多解优化

一题多解是创新意识的具体运用，它不仅开拓解题思路，激发探索兴趣，而且能提高学生分析问题和解决问题的能力，培养学生的探究精神和创新意识。教师应引导学生仔细审题，抓住题目透露出来的信息特征，启发学生从不同角度联想、横向沟通、多方探求、择优解题，以促使学生思维畅通、变通、拓展，从中优选出正确和省力的解法，以达到快速解题的目的。

【案例 2】（由一道课本习题改编）已知等差数列 $\{a_n\}$ 满足 $a_1 + a_2 + \cdots + a_{101} = 0$，则有（　　）

A. $a_1 + a_{101} > 0$ 　　　　　　　　B. $a_2 + a_{101} < 0$

C. $a_3 + a_{99} = 0$ 　　　　　　　　D. $a_{51} = 51$

解决这个问题时可以考虑下列解法。

（1）基本量法：设等差数列的公差 d，则 $101 a_1 + \dfrac{101 \times 100}{2} d = 0$，故 $a_1 = -50d$，逐个验证 4 个选项，确定选 C.

（2）性质法：$\dfrac{101}{2}(a_1 + a_{101}) = 0$，所以 $a_1 + a_{101} = a_3 + a_{99} = 0$．

（3）特殊值法：令 $a_n = 0$，即选 C.

处理等差（比）数列的关键是确定首项和公差（比），解决这方面的选择题应该优先选择特殊值法。

三、探究错因，以"误"启"悟"

"错误"是课堂教学的必然产物，为了让学生真正理解概念、命题，取一些学生常见的错解展示于黑板或多媒体上，让学生充分交流、研究，以达到以"误"启"悟"的效果，培养学生的批判性思维。

【案例3】已知 a , $b \in \mathbf{R}^{*}$, $a + 2b = 1$ ，求 $\frac{1}{a} + \frac{1}{b}$ 的最小值（一道高一期末考试题）。

下面是学生对这道题的几种解法：

方法1：由 a , $b \in \mathbf{R}^{*}$ ，得 $\frac{1}{a} + a \geq 2$ ①，

$2b + \frac{1}{b} \geq \sqrt{2b \cdot \frac{1}{b}} = 2\sqrt{2}$ ②.

由①+②得：$a + 2b + \frac{1}{a} + \frac{1}{b} \geq 2 + 2\sqrt{2}$.

所以 $\frac{1}{a} + \frac{1}{b} \geq 2\sqrt{2} + 1$ ，故 $\frac{1}{a} + \frac{1}{b}$ 的最小值为 $2\sqrt{2} + 1$.

方法2：由 $a + 2b = 1$ 得 $\frac{1}{a} + \frac{1}{b} = (a + 2b)\left(\frac{1}{a} + \frac{1}{b}\right) = 4\sqrt{2}$ ，

所以 $\frac{1}{a} + \frac{1}{b} \geq 2\sqrt{2ab} \cdot 2\sqrt{\frac{1}{ab}}$ ，故 $\frac{1}{a} + \frac{1}{b}$ 的最小值为 $4\sqrt{2}$.

方法3：由 $a + 2b = 1$ 得 $a = 1 - 2b > 0$.

故有 $\frac{1}{a} + \frac{1}{b} = \frac{1}{1 - 2b} + \frac{1}{b} = \frac{1 - b}{b(1 - 2b)}$ ，

而 $b(1 - 2b) = \frac{1}{2} \cdot 2b(1 - 2b) \leq \frac{1}{2}\left(\frac{2b + 1 - 2b}{2}\right)^{2} = \frac{1}{8}$.

由等号成立得 $b = \frac{1}{4}$ ，所以 $\frac{1}{a} + \frac{1}{b} \geq \dfrac{1 - \frac{1}{4}}{\frac{1}{8}} = 6$ ，

故 $\frac{1}{a} + \frac{1}{b}$ 的最小值是6.

方法4：把 $a + 2b = 1$ 代入 $\frac{1}{a} + \frac{1}{b} = \frac{a + 2b}{a} + \frac{a + 2b}{b} = 3 + \frac{2b}{a} + \frac{a}{b}$ ，所以 $\frac{1}{a} + \frac{1}{b} \geq 3 + 2\sqrt{2}$.

当且仅当 $\frac{2b}{a} = \frac{a}{b}$ ，即 $a = \sqrt{2} - 1$, $b = 1 - \frac{\sqrt{2}}{2}$ 时取等号。

故 $\dfrac{1}{a}+\dfrac{1}{b}$ 的最小值是 $3+2\sqrt{2}.$

同学们结合上述解法先发表自己的看法，再相互讨论、交流，最后各组由组长报告研究成果。（各组组长报告研究成果时每个学生都要认真倾听，思考是否与自己想法一致，有没有不同看法，在这个过程中教师对学生暴露的错误要分析原因，纠正错误，及时给出点拨、评价）

学生交流研究后发现，前 3 种方法都无法取到等号，只有方法 4 是正确的。通过几位学生的讲解与不断完善，搞清楚了前三种解法存在的问题，最后总结出利用基本不等式求最值三部曲："一正、二定、三相等"。

四、设计开放性问题，培养广阔性思维

研究性学习的基本特点是开放性，数学教学中应注意把习题的条件适当改变或将习题的内容重新组合，设计开放性问题，以培养学生的应变能力和探索能力，提高学生的创新意识。

【案例4】（由一道高考试题改编）过抛物线 $y^2=2px(p>0)$ 焦点的一条直线与它交于 P，Q 两点，过点 P 和此抛物线顶点的直线与准线交于点 M.

求证：直线 MQ 平行于抛物线的对称轴。

不妨设抛物线 $y^2=2px(p>0)$ 的焦点为 F，顶点 O，现把该题内容分成三部分：① P，F，Q 共线；② P，O，M 共线；③ $MQ /\!/ x$ 轴。若把三部分中任意两个作为条件，能否推出第三个？如果能，写出证明过程。如果不能，说明理由。

探究性学习是学习的一种形式，学生是学习的主人，教师是学生学习的合作者、组织者和指导者，只有这样才能符合《课标》的要求，从而提高课堂教学效率。

聚焦运算，培育数学核心素养

《课标》指出："数学运算是指在明晰运算对象的基础上，依据运算法则解决数学问题的素养。"运算能力包括分析运算条件、探究运算方向、选择运算方法、确定运算程序等一系列过程中的思维能力，也包括在实施运算过程中遇到障碍时能够运用二次调整运算的能力。数学运算是"六大数学核心素养"（数学抽象、逻辑推理、数学建模、数学运算、直观想象、数据分析）之一，在高中数学课程的学习中，发展学生的数学运算能力能促进他们提升数学思维，形成规范化思考问题的品质，养成一丝不苟、严谨求实的科学精神。下面就立足数学运算、培育学生数学核心素养谈几点认识。

一、以数学思想方法为引领，强化求简意识

数学思想方法是对数学对象本质的认知，是在具体的数学概念、命题、规律和方法等认识过程中提炼概括的基本观点和根本方法，是解决数学问题时所采用的途径、方式、手段、策略等。以数学思想方法引领运算有助于学生发现运算规律、探求算法、掌握算法，从而找到合理简便的运算方法，使复杂运算变得简捷，解题过程更加合理。

【案例1】（2019 年高考全国Ⅱ卷理科 21 题）已知点 $A(-2, 0)$，$B(2, 0)$，动点 $M(x, y)$ 满足直线 AM 与 BM 的斜率之积为 $-\dfrac{1}{2}$. 记 M 的轨迹为曲线 C.

（1）求 C 的方程，并说明 C 是什么曲线；

（2）过坐标原点的直线交 C 于 P，Q 两点，点 P 在第一象限，$PE \perp x$ 轴，垂足为 E，连接 QE 并延长交 C 于点 G.

证明：$\triangle PQG$ 是直角三角形。

解：（1）由题设得 $\dfrac{y}{x+2} \cdot \dfrac{y}{x-2} = -\dfrac{1}{2}$，化简得 $\dfrac{x^2}{4} + \dfrac{y^2}{2} = 1\,(|x| \neq 2)$，

所以 C 为中心在坐标原点，焦点在 x 轴上的椭圆，不含左右顶点。

（2）方法1：设直线 PQ 的斜率为 k，则其方程为 $y = kx\,(k > 0)$.

由 $\begin{cases} \dfrac{x^2}{4} + \dfrac{y^2}{2} = 1, \\ y = kx, \end{cases}$ 得 $x = \pm\dfrac{2}{\sqrt{1+2k^2}}$，

所以 $P\left(\dfrac{2}{\sqrt{1+2k^2}}, \dfrac{2k}{\sqrt{1+2k^2}}\right), Q\left(-\dfrac{2}{\sqrt{1+2k^2}}, -\dfrac{2k}{\sqrt{1+2k^2}}\right), E\left(\dfrac{2}{\sqrt{1+2k^2}}, 0\right)$.

于是直线 QG 的斜率为 $\dfrac{k}{2}$，方程为 $y = \dfrac{k}{2}\left(x - \dfrac{2}{\sqrt{1+2k^2}}\right)$.

由 $\begin{cases} y = \dfrac{k}{2}\left(x - \dfrac{2}{\sqrt{1+2k^2}}\right), \\ \dfrac{x^2}{4} + \dfrac{y^2}{2} = 1, \end{cases}$ 得 $\dfrac{2+k^2}{2}x^2 - \dfrac{2k^2}{\sqrt{1+2k^2}}x + \dfrac{2k^2}{1+2k^2} - 4 = 0$. ①

设 $G(x_G, y_G)$，则 $x = -\dfrac{2}{\sqrt{1+2k^2}}$，$x_G$ 是方程①的解。

故 $x_G + \left(-\dfrac{2}{\sqrt{1+2k^2}}\right) = \dfrac{4k^2}{(k^2+2)\sqrt{1+2k^2}}$，即 $x_G = \dfrac{6k^2+4}{(k^2+2)\sqrt{1+2k^2}}$，

由此得 $y_G = \dfrac{2k^3}{(k^2+2)\sqrt{1+2k^2}}$，

从而直线 PG 的斜率为 $\dfrac{\dfrac{2k^3}{(k^2+2)\sqrt{1+2k^2}} - \dfrac{2k}{\sqrt{1+2k^2}}}{\dfrac{6k^2+4}{(k^2+2)\sqrt{1+2k^2}} - \dfrac{2}{\sqrt{1+2k^2}}} = -\dfrac{1}{k}$.

所以 $PQ \perp PG$，即 $\triangle PQG$ 为直角三角形。

方法2：记 $u = \dfrac{2}{\sqrt{1+2k^2}}$，则 $P(u, uk), Q(-u, -uk), E(u, 0)$.

于是直线 QG 的斜率为 $\dfrac{k}{2}$，方程为 $y = \dfrac{k}{2}(x - u)$.

由 $\begin{cases} y = \dfrac{k}{2}(x - u), \\ \dfrac{x^2}{4} + \dfrac{y^2}{2} = 1, \end{cases}$ 得 $(2 + k^2)x^2 - 2uk^2 x + k^2 u^2 - 8 = 0$. ②

设 $G(x_G,y_G)$ ，则 $-u$ ，x_G 是方程②的解，故 $x_G = \dfrac{u(3k^2+2)}{k^2+2}$ ，

由此得 $y_G = \dfrac{uk^3}{k^2+2}$ ，从而直线 PG 的斜率为 $\dfrac{\dfrac{uk^3}{(k^2+2)}-uk}{\dfrac{u(3k^2+2)}{(k^2+2)}-u} = -\dfrac{1}{k}$.

所以 $PQ \perp PG$ ，即 $\triangle PQG$ 为直角三角形。

评析：绝大多数学生在解此题时采用方法1，可以看出这一解法运算很复杂，学生在限定时间内很难完成。观察计算过程不难发现，点 E 的坐标 $\left(\dfrac{2}{\sqrt{1+2k^2}}, 0\right)$ 是导致运算烦琐的根本原因。由于式子 $\dfrac{2}{\sqrt{1+2k^2}}$ 的存在，求点 G 坐标的过程中运算量剧增，最后得出点 G 坐标相当复杂，这为进一步计算直线 PG 的斜率带来了困难。方法2之所以简单，主要是在运算中记 $u = \dfrac{2}{\sqrt{1+2k^2}}$ ，把参与运算的元素由 $\dfrac{2}{\sqrt{1+2k^2}}$ 变为 u ，这样整个解答过程完全避免了因 $\dfrac{2}{\sqrt{1+2k^2}}$ 带来的运算烦琐的问题，体现了整体代入和换元化归思想。数学思想方法是解决数学问题的根本方法，有助于我们简化运算。因此，在课堂教学中要让数学思想和方法成为数学教学的灵魂，真正把培育学生的数学核心素养落到实处。

二、认知运算对象，深刻理解运算本质

运算对象是指进行计算时作为目标的问题，常常看成是在运算过程中围绕计算法则和计算程序被用来接受或选择的方向。在计算中只有准确理解运算对象才能理解运算的本质特征，保证正确的运算方向，计算过程才会步步为营，一步一个脚印，避免运算时"走弯路"。

【案例2】（2019 年高考全国 II 卷理科 4 题）2019 年 1 月 3 日嫦娥四号探测器成功实现人类历史上首次月球背面软着陆，是我国航天事业取得的又一重大成就。实现月球背面软着陆需要解决的一个关键技术问题是地面与探测器的通讯联系。为解决这个问题，又发射了嫦娥四号中继星"鹊桥"，鹊桥沿着围绕地月拉格朗日 L_2 点的轨道运行。L_2 点是平衡点，位于地月连线的延长线上。设地球质量为 M_1 ，月球质量为 M_2 ，地球到月球的距离为 R ，L_2 点到

月球的距离 r ，根据牛顿运动定律和万有引力定律，r 满足方程：

$$\frac{M_1}{(R+r)^2} + \frac{M_2}{r^2} = (R+r)\frac{M_1}{R^3}.$$

设 $a = \frac{r}{R}$ ，由于 a 的值很小，因此在近似计算中 $\frac{3a^3 + 3a^4 + a^5}{(1+a)^2} \approx 3a^3$ ，则 r 的近似值为（　　）

A. $\sqrt{\dfrac{M_2}{M_1}}R$　　　　B. $\sqrt{\dfrac{M_2}{2M_1}}R$　　　　C. $\sqrt[3]{\dfrac{3M_2}{M_1}}R$　　　　D. $\sqrt[3]{\dfrac{M_2}{3M_1}}R$

解：变形 $\dfrac{M_1}{(R+r)^2} + \dfrac{M_2}{r^2} = (R+r)\dfrac{M_1}{R^3}$ ①得：

$$\frac{M_1}{R^2(1+a)^2} + \frac{M_2}{r^2} = R(1+a)\frac{M_1}{R^3}. ②$$

②两边乘以 R^2 化简得：$\dfrac{R^2}{r^2}M_2 = \dfrac{a^3 + 3a^2 + 3a}{(1+a)^2}M_1$.

把 $a = \dfrac{r}{R}$ 代入③化简得：$\dfrac{a^5 + 3a^4 + 3a^3}{(1+a)^2} = \dfrac{M_2}{M_1}$. ③

所以 $3a^3 \approx \dfrac{M_2}{M_1}$ ，故 $r \approx \sqrt[3]{\dfrac{M_2}{3M_1}}R$. 故选 D.

评析：本题的运算对象是计算 r ，结合被选答案最终结果是用 R 、M_1 、M_2 来表示 r . 由于在近似计算中需要用 $3a^3$ 近似代替 $\dfrac{3a^3 + 3a^4 + a^5}{(1+a)^2}$ ，这就需要把①中的 $(R+r)$ 变形为 $R\left(1+\dfrac{r}{R}\right)$ ，得到 $\dfrac{M_1}{R^2\left(1+\dfrac{r}{R}\right)^2} + \dfrac{M_2}{r^2} =$

$R\left(1+\dfrac{r}{R}\right)\dfrac{M_1}{R^3}$ ④，再把 $a = \dfrac{r}{R}$ 代入④化简得出到③. 这一运算过程的本质是引入中间量 a ，将（1）用 R ，M_1 ，M_2 ，a 来表示，整个计算过程始终围绕 $a = \dfrac{r}{R}$ 进行。因此，数学运算不仅仅是单纯的数字运算，更重要的是要认识运算对象，把握其本质特征，这一点在今后的教学中要引起足够的重视。

三、算法与算理并举，培养运算推理能力

推理是学生驾驭算法来准确运算的基础和计算过程合理性的保证。算理

就是计算过程中的道理和思维方式，解决为什么这样算、这样算的道理是什么等问题。算理一般由数学概念、运算规律、运算性质等构成；算法就是计算的方法，主要是指计算的法则，解决如何算得方便、准确的问题。如果没有一定的运算原理支撑，法则的框架最终会支离破碎。因此，在教学中既要重视法则的教学，还要使学生理解法则背后的道理，使学生不仅知其然，而且还知其所以然，树立运算是演绎推理的观念。

【案例3】讨论函数 $f(x) = x - \dfrac{1}{x} + a\ln x (a \in \mathbf{R})$ 的单调性。

解：$f'(x) = 1 + \dfrac{1}{x^2} + \dfrac{a}{x} (x > 0)$.

当 $a \geq 0$ 时，函数 $f(x)$ 在 $(0, +\infty)$ 上单调递增。

当 $a < 0$ 时，令 $f'(x) = 0$，即 $x^2 + ax + 1 = 0$.

当 $\Delta = a^2 - 4 \leq 0$ 即 $-2 \leq a < 0$ 时，$f'(x) \geq 0$，函数 $f(x)$ 在 $(0, +\infty)$ 上单调递增。

当 $a^2 - 4 > 0$ 即 $a < -2$ 或 $a > 2$ 时，

方程 $x^2 + ax + 1 = 0$ 的根是 $x_1 = \dfrac{-a - \sqrt{a^2 - 4}}{2}$，$x_2 = \dfrac{-a + \sqrt{a^2 - 4}}{2}$.

当 $a < -2$ 时，函数 $f(x)$ 在 $\left(0, \dfrac{-a - \sqrt{a^2 - 4}}{2}\right)$，$\left(\dfrac{-a + \sqrt{a^2 - 4}}{2}, +\infty\right)$ 上单调递增，在 $\left(\dfrac{-a - \sqrt{a^2 - 4}}{2}, \dfrac{-a + \sqrt{a^2 - 4}}{2}\right)$ 上单调递减。

综上所述，当 $a \geq -2$ 时，函数 $f(x)$ 在 $(0, +\infty)$ 上单调递增；当 $a < -2$ 时，函数 $f(x)$ 在 $\left(0, \dfrac{-a - \sqrt{a^2 - 4}}{2}\right)$，$\left(\dfrac{-a + \sqrt{a^2 - 4}}{2}, +\infty\right)$ 上单调递增，在 $\left(\dfrac{-a - \sqrt{a^2 - 4}}{2}, \dfrac{-a + \sqrt{a^2 - 4}}{2}\right)$ 上单调递减。

评析：求函数单调区间的方法是学生熟知的，绝大多数学生没有问题。为什么要分情况 $a \geq 0$，$-2 \leq a < 0$，$a < -2$ 进行讨论？其原因是为了判断 $f'(x)$ 的正负。也就是说为什么这样算，这是讨论函数单调性的本质，是解决问题的关键。所以在计算教学中，我们不仅要让学生知道该怎么计算，而且还应该让学生明白为什么要这样计算，将"算理"与"算法"有效结合、紧密联系，领悟道理，培养学生言之有理、行必有据，以确保运算的自觉性和

正确性。

四、重视运算基本功训练，既要想得出还要算得出

运算结果的准确性是运算的最终归宿，也是高考取得好成绩的保证，结果出错一切归零。教学中遇到复杂运算或有较大运算量的试题要让学生稳步落实运算程序，鼓励他们敢于运算、善于运算、乐于运算，运算中遇到困难不懈怠，算不出来不沮丧，真正把运算落到实处，让学生不但想得出来，还要算得出来。

【案例4】关于《椭圆标准方程的推导和化简》。

下面是一位青年教师在县级观摩课中推导椭圆标准方程的教学过程简记：

师：设椭圆 O 上的点 $M(x, y)$，由 $|MF|_1 + |MF_2| = 2a$ 得：

$$\sqrt{(x-c)^2 + y^2} + \sqrt{(x+c)^2 + y^2} = 2a \ ①,$$

这里 $F_1(-c, 0)$，$F_2(c, 0)$，$2a > |F_1F_2|$.

师：如何化简①式呢？

生1：①移项后两边平方得：$\left(\sqrt{(x-c)^2 + y^2}\right)^2 = \left(2a - \sqrt{(x+c)^2}\right)^2$.

师：很好！由于时间关系，我们不进行进一步化简，请同学认真阅读课本推导过程，在这里我给大家写出最终的化简结果：$(a^2 - c^2)x^2 + a^2y^2 = a^2(a^2 - c^2)$（学生阅读课本5分钟，教师巡视、等待）。

生2：老师，还可以采用对①式两边直接平方的办法进行化简。

师：可以，但是这样做很烦琐，运算比较复杂，一般情况下不采用两边直接平方化简的方法。如果你感兴趣，下课后可以尝试一下。

师：为了进一步化简椭圆方程，我们可以令 $a^2 - c^2 = b^2$（$a > 0, b > 0$）. 这样就得到焦点在 x 轴上椭圆的标准方程：$\dfrac{x^2}{a^2} + \dfrac{y^2}{b^2} = 1$.

评析：经历是一种体验，是一种符合认识规律的学习过程。这位年轻教师把运算结果直接展示给学生，忽视了对学生运算能力的培养。长此以往，使学生一遇到复杂运算的试题就害怕或者懒得计算，考试时对运算没有信心，频繁出错。运算能力的提高不是一朝一夕就能实现的，功夫要下在平时。只有这样，学生在遇到诸如案例1时，采用方法1同样能准确求解，避免因运算烦琐而导致失分。

第二个学生的解法为什么复杂？到底有没有学习的价值？在课堂上应该给足学生时间，让学生用上述两种方法化简方程①.

对方程①采用直接平方化简可得：

$(x + c)^2 + y^2 + (x - c)^2 + y^2 + 2\sqrt{[(x+c)^2 + y^2][(x-c)^2 + y^2]} = 4a^2$，

即 $\sqrt{[(x+c)^2 + y^2][(x-c)^2 + y^2]} = (2a^2 - x^2 - y^2 - c^2)$，

平方得：$(x^2 + 2cx + c^2 + y^2)(x^2 - 2cx + c^2 + y^2) = (2a^2 - x^2 - y^2 - c^2)^2$.

通过化简发现项数变得越来越多，结构变复杂，如果仔细观察上式的形式，不难发现等号左边符合 $(m+n)(m-n)$ 的形式，等号右边符合 $(m-n)^2$ 的形式，所以继续化简如下：

$(x^2 + c^2 + y^2)^2 - 4c^2x^2 = 4a^4 - 4a^2(x^2 + c^2 + y^2) + (x^2 + c^2 + y^2)^2$，

即 $(a^2 - c^2)x^2 + a^2y^2 = a^2(a^2 - c^2)$.

上述两种方法化简的结果是完全相同的，但在运算难度上有较大区别，特别是第二种化简方法，对运算的要求更高，更能激活学生的数学思维，有助于培养学生的运算能力，提升学生的数学运算素养。

数学解题活动通过计算和推理来实现，运算过程蕴含逻辑关系。教材中涉及数学运算的问题很多，在平时教学中，遇到复杂问题要鼓励学生去运算，引导学生动眼观察、动手操作，让学生经历运算过程，提高他们的参与度。通过不断运算体验，把知识返璞归真地教给学生，真正把学生的运算能力训练落到实处。

由一道练习题引发的课本习题思考

一、习题呈现

湘教版高中数学教材必修1中1.1《集合》课堂练习2。

下列集合中哪些是空集？哪些是有限集？哪些是无限集？ ［以（3）题为例］

满足条件 $x + y = 1$ 和 $xy > 1$ 的所有实数组（x，y）之集。

二、习题解析

解：设 $\mathbf{A} = \{(x, y) \mid x + y = 1$ 且 $xy > 1\}$，由题意知 $x > 0$，$y > 0$.

方法1：设 $xy = m(m > 1)$，

因为 $x + y = 1$，根据韦达定理构造方程 $z^2 - z + m = 0$ ①.

因为 $m > 1$，$\Delta = 1 - 4m < 0$，所以方程①无解。

故集合 $\mathbf{A}$ 为空集。

方法2：如图18所示，以长是1的线段为直径作圆 O，在直径 AB 上取点 D，使得 $AD = x$，$DB = y$，过点 D 作 $CD \perp AB$ 交上半圆于点 C，连接 AC，BC，因为 $\mathrm{Rt}\triangle ADC \backsim \mathrm{Rt}\triangle CDB$，所以 $\dfrac{CD}{DB} = \dfrac{DA}{CD}$，即 $CD = \sqrt{xy}$. 由于 $OC = \dfrac{x + y}{2} = \dfrac{1}{2}$. 显然，$OC \geqslant CD$，即 $xy \leqslant \dfrac{1}{4}$，当且仅当点 O 和点 D 重合，即 $x = y$ 时，等号成立。

这与 $xy > 1$ 相矛盾，所以集合 $\mathbf{A}$ 为空集。

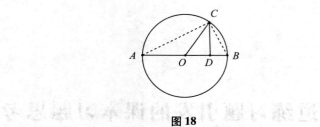

图 18

方法 3：$\because x + y = 1$，$xy > 1$，

$\therefore x^2 + y^2 = (x + y)^2 - 2xy = 1 - 2xy < 0$，这与 $x^2 + y^2 > 0$ 相矛盾。

故集合 A 为空集。

方法 4：$xy \leqslant \left(\dfrac{x + y}{2}\right)^2 = \dfrac{1}{4}$（当且仅当 $x = y = \dfrac{1}{2}$ 时，取 "$=$"），这与

$xy > 1$ 相矛盾。所以集合 A 为空集。

方法 5：设 $x = \sin^2\theta$，$y = \cos^2\theta\left(\theta \in \left(0, \dfrac{\pi}{2}\right)\right)$，

则 $xy = \sin^2\theta \cos^2\theta = \dfrac{1}{4}\sin^2 2\theta$.

由于 $2\theta \in (0, \pi)$，所以 $xy \in \left(0, \dfrac{1}{4}\right]$，这与 $xy > 1$ 相矛盾。

所以集合 A 为空集。

方法 6：不等式 $xy > 1$（$x > 0$）表示双曲线 $xy = 1$ 上方的平面区域。因为该区域与线段 $x + y = 1$（$x > 0, y > 0$）没有交点，所以集合 A 为空集。

方法 7：$\begin{cases} x + y = 1 \text{①} \\ xy > 1 \text{②} \end{cases}$，由①得：$y = 1 - x$ ③.

③代入②得：$x^2 - x + 1 < 0$.

因为不等式 $x^2 - x + 1 < 0$ 在 $(0, +\infty)$ 上的解集是空集，所以集合 A 为空集。

三、教学困惑

1. 学生知识储备不足

该题求解的关键是判断方程 $x + y = 1$ 在 $xy > 1$ 的条件下是否有解？如果有解，有多少解？上述七种解析中学生只对方法 1 和方法 2 用到的知识有一定的了解，由于其他方法所用知识学生还未学到，故难以实现。如果用方法 1

求解，由于韦达定理在初中学习中要求不高，高一新生构造方程 $z^2 - z + m = 0$ 有一定难度。另外由于未学不等式性质，$\Delta = 1 - 4m$ 的正负，绝大多数学生不容易做出判断；如果用方法 2 求解，由于学生不会利用几何图形描述问题，运用数形结合思想解决数学问题的能力不强，所以许多学生无法建立数与形的联系，不能构造出以 AB 为直径的圆的内接直角三角形．

在讲授这道题时教师困惑、学生不理解，最根本的原因是学生缺乏对所解决问题中数学知识的了解。教材选编的练习题和习题很多都涉及一些还没有学到的知识。如 1.2《常用逻辑用语》出现的以下问题。

（1）判断下列命题的真假：$a > b$ 是 $a^2 > b^2$ 的充分条件。

（2）若 $x，y \in \mathbf{R}$，下列各式中哪个是"$xy \neq 0$"的必要条件？（　　　）

A. $x + y = 0$　　　　　　　　　　　B. $x^2 + y^2 > 0$

C. $x - y = 0$　　　　　　　　　　　D. $x^3 + y^3 \neq 0$

（3）设 $x，y \in \mathbf{R}$，命题 $p : x > y$，命题 $q : |x| > |y|$，则 p 是 q 的什么条件？（在"充分不必要条件""必要不充分条件""充要条件""不充分不必要条件"中选一种）

（4）写出命题"$p : \exists x_0 \in \mathbf{R}，2x_0 \leqslant 0$"的否定，并判断其真假。

上述问题貌似简单，但由于学生没有系统地学习不等式、指数函数性质等内容许多学生做出正确解答并非易事。教材如此设置习题是否合理，有待商榷。

2. 学生认知水平低下

学生解答上述练习题的障碍主要有两个方面：一是由于没有学习用描述法表示集合，对集合还没有深刻的认识，不能把判断集合是有限集还是空集的问题转化为方程 $z^2 - z + m = 0$ 是否有解；二是高一新生对方程是否有解的认识还停留在具体的解是什么、如何解的层次，很难通过理性推理得出答案。

高一新生受初中学习习惯的影响，对知识的认识还停留在记忆、模仿、重复和辅助练习的水平上，缺乏严密的逻辑性，不会条理地思考问题，基本不具备解决问题和分析问题的能力。教材练习题和习题的设计对学生的认知水平欠考量，过多地出现与学生认知能力不匹配的问题，教学中常常出现教师讲得津津有味，学生听得昏昏欲睡，导致教与学"两张皮"的现象，极大地制约学生学科素养的形成和提高，使教学陷入耗时费工、教学效果差的境地。

3. 完成教学任务困难

教材的知识信息量较大、系统性强，呈现的教学内容比旧教材花费的时间多，留给学生做练习的时间一般是 5－8 分钟，在这么短的时间内，练习设置过难，绝大多数学生在课堂上完不成，导致学生课后作业负担加重，滋生厌学情绪。

例如，1.1《集合》一节的课堂练习题 2。

下列集合中哪些是空集？哪些是有限集？哪些是无限集？〔以（4）题为例〕

满足条件 $x^2 + y^2 = 1$ 和 $xy < 0$ 的所有实数组（x，y）之集。

选编练习题（3）和（4）作为巩固和理解知识的练习题显然有些难，完成教学任务有困难。

四、教材建议

基于上述分析，对湘教版教材习题的设置提出以下几点建议。

1. 循序渐进，符合学生认知规律

初中数学主要是以形象、通俗的语言方式进行表达。高一数学一开始就触及非常抽象的集合语言、逻辑运算语言和图象语言等，数学语言在抽象程度上突变，知识的概括性、抽象性和逻辑性明显增强。这些知识的差异给学生运用所学知识解决问题带来很大困难，因此，习题的设置要考虑学情特点，符合认知规律，要让绝大多数学生会做、能够独立完成。

2. 降维选题，突出核心目标指向

数学各知识点之间不是割裂的，而是处于整个知识网络之中，这就要求学生学会融会贯通、触类旁通。所以在知识交汇点设计试题，出现综合性问题，成为编写教材例题、课堂练习题、课后习题和复习题的主流，这无可厚非。但是值得注意的是综合性习题的设计要突出考查知识的主要方面，否则会给学生带来学习上的困难。如前面说的课堂练习 2 题的第（3）小题，设计的目的是突出学生对有限集、无限集、空集的认识，而不是方程 $x + y = 1$ 且 $xy > 1$ 是否有解的判断。如果在 2.1.3《基本不等式》设计这样一道题：判

断命题"集合 $A = \{(x, y) | x + y = 1$ 且 $xy > 1\}$ 是空集"的真假性,并说明理由,那么这道试题对于学生认识基本不等式一定会有很大帮助。

3. 面向全体,习题配置不易过难

教材"温故知新"板块的部分习题达到高三一轮复习的难度,作为新授课课后习题的配置与学生认知程度难以匹配;"上下而求索"板块的习题有些属于竞赛题,学生几乎都不会做,给教学带来极大困难。建议删去这类试题,增加基础题和中档题。

教材是落实数学核心素养的载体。教材习题要突出示范性和巩固知识的功能,体现数学思想方法的运用,这样才能减轻学生的课业负担,教学才会有的放矢,从而达到事半功倍的效果。

初高中数学衔接的思考与教学策略

高中数学的难点是在初中与高中衔接中出现的"高台阶"。一些高一学生经常向教师反映上课听懂了，课本习题也会做，但是考试题不会做、做不对。从而使一部分适应性慢，学习方法不妥的学生过早地失去学习数学的兴趣，甚至打击他们的学习信心，造成在三年的高中学习中数学成为他们的弱科。如何使初高中数学教学的衔接合理，帮助学生尽快适应高中数学教学特点和学习特点，跨过"高台阶"，这是高一数学教师值得思考的问题。

一、高一新生数学学习现状分析

1. 学习习惯因依赖心理而滞后

许多学生进入高中后，还像初中那样，有很强的依赖心理，跟随老师惯性思维运转，没有掌握学习的主动权；表现在课前没有预习，对上课的内容不了解，课堂上忙于记笔记，没有听到"门道"。

2. 思想松懈

有些高一学生认为自己在初一、初二并没有用功学习，只是在初三临考前苦学了三四个月就轻而易举地考上了高中，因而认为读高中也不过如此，高一、高二也用不着那么用功，等到高三临考时再下功夫一样会考上一所理想的大学。

3. 学不得法

高中教师上课一般都要讲清知识的来龙去脉，剖析概念的内涵，注重方法的点拨，突出数学思想的渗透。而一部分学生上课不能专心听讲，参与意识不强，只记住了结论，淡化知识的生成过程。对教师所讲内容没听懂或听不全，笔记记了一大本，问题也有一大堆；课后死记硬背，不能及时巩固、总结、寻找知识间的联系，做题机械模仿、乱套题型；还有些学生晚上加班加点，白天无精打采。上课根本不认真听讲，自己另搞一套，结果是事倍功半，收效甚微。

4. 不重视基础

一些自我感觉良好的学生，常常轻视基本知识、基本技能和基本方法的学习与训练，知道怎么做就行了，不去认真演算，只对难题感兴趣，好高骛远，重"质"轻"量"，导致在解题中演算频频出错，中途"卡壳"，出现"会而不对，对而不全，全而不美"的现象。

5. 重模仿，轻思维

高一新生受初中学习习惯的影响，在学习过程中模仿做题、模仿教师的思维推理。大量的模仿带来了不利的定势思维，解题缺乏严密的逻辑性，推理能力差，导致高中学习思维单一、保守、僵化，阻碍了学生的创新思维和创造精神。

二、初中数学与高中数学知识的差异

高中数学教材的特点是突出数学抽象概念，注重逻辑推理，关注数学建模，重视数学运算，注重直观想象，强调数据分析。初中数学教材的特点是注重直观经验，回归现实生活，强调动手操作，注重合情推理与演绎推理的结合，适度渗透数学思想。初中与高中数学教材的不同特点决定了其知识的差异性。

1. 数学语言在抽象程度上突变

初中与高中的数学语言有着显著的区别。初中数学主要是以形象、通俗的语言方式进行表达，而高中数学一下子就触及集合语言、逻辑运算语言、函数语言、图象语言等抽象的数学语言。

2. 知识内容整体数量剧增

初中教材是九年制义务教育用书，倡导全面提高学生素质，要求学生了解的内容较多；高中教材信息量大，有些知识是下放的大学内容，对培养学生能力和学科素养提出了较高的要求；初中内容"浅、少、易"，简单、具体、形象，与学生生活贴近，高中内容"起点高，容量多，难度大"，概括性、抽象性和逻辑性明显增强；初中数学辅助练习、消耗的课时多，高中数学单位时间内接受知识的信息量增加。

3. 初中与高中数学知识存在一些"脱节"点

（1）两数立方和与立方差的公式初中已删去不讲，而高中的运算还在运用。

（2）初中对二次三项式因式分解一般只限于二次项系数是"1"的情形，对二次项系数不是"1"的涉及不多，而且对三次或高次多项式因式分解几乎不作要求，但高中教材许多化简、求值、解方程和解不等式等都要用到这些知识。

（3）初中对二次根式分子有理化不做要求，但分子有理化是高中函数、不等式试题常用的解题技巧。

（4）初中教材对二次函数要求较低，学生处于了解水平，但二次函数却是高中贯穿始终的重要内容。如解一元二次不等式、研究一元二次方程根的分布和求闭区间上二次函数最值等都是高中数学必须掌握的基本题型与常用方法。

（5）平面几何的很多概念（如重心、垂心、外心、内心等）和定理（如平行线分线段比例定理，射影定理，角平分线性质定理，相交弦定理，切割线定理等）初中大都没有学习，而这些知识在高中的数学解题中经常涉及。另外，配方法、换元法、待定系数法、数形结合等方法在初中教学中被弱化，不利于高中知识的讲授。

三、初中与高中数学衔接的教学策略

高中数学教学突出运算能力、空间想象能力、逻辑推理能力、分析问题能力和解决问题能力，强调数形结合思想、函数与方程思想、转化与化归思想、分类与讨论思想。这些问题虽然在初中教学中有所体现，但在高中教学中才被充分反映出来。因此，学生在高中学习中，只有形成数学核心素养，才会终身受益。要做到这一点，在高一必须有一个良好的开端，帮助学生顺利度过初中到高中学习中出现的"高台阶"。

1. 研究学情，找准衔接点

在开学初，高一数学教师应通过听介绍、摸底测验、与学生座谈等方式了解学生掌握知识的程度和学习习惯，摸清初中知识体系、初中教师授课特点和学生认知结构，对症下药。

（1）高一数学教学要在难理解和难掌握的概念上下功夫。

（2）从内容、结构、过程、方法、思维、思想等角度考虑学生学习的困难。采取适合高一学生实际情况的教学方法，使学生对知识真正理解，对基本思想方法准确掌握。

2. 做好"衔接点"教材的处理工作

初中与高中数学有众多衔接知识点，许多知识是对初中数学知识的推广、引申和完善。在讲授新知识时，第一，要有意识地引导学生联系旧知识，复习旧知识，通过新旧知识之间的联系构建知识网络，达到温故知新的效果，对那些易错易混淆的知识加以分析、比较。第二，要充分利用学生头脑中已有的概念和印象（衔接点）展开教学，无须作为新知识进行讲解，只是在提法上予以突出，以免给学生造成不必要的负担。如函数的概念，初中给出了用"变量"描述的经验型定义，而高中则从"对应关系"的高度给出一个理论型定义。但后者并不摒弃前者，而是对前者更深入的认识。讲授时可从初中函数定义出发，对初中所学习的具体函数加以回顾，在此基础上对函数重新定义，使新定义的形成水到渠成，易于理解。第三，补充高中与初中"脱节点"的数学知识。例如，在平面向量教学中，补充三角形重心、垂心和外心的概念和性质、三角形内角平分线性质定理等内容。

3. 降低起点，小步子、缓坡度；夯实基础，降难度、慢提升

初中学生都是带着一种好奇与向往来到高中的，他们即使基础较差，但都渴望在高中阶段取得理想的成绩。如果教师一开始讲授过快、过难，多数学生会跟不上，学生满腔的热情可能会因几次课听不懂、几次考试成绩不理想而降到"冰点"。因此，高一教学倡导"两低三点"。两低就是放低眼线、降低教学起点；三点是教师讲解慢一点、让学生思考多一点、给学生辅导多一点。

高一毕竟不同于高三，教师不能用高三的标准来要求高一的学生，不能一个知识点"一锹挖到底"，要循序渐进，把学生掌握基础知识、基本方法、基本技能放在首位。及时了解学生，多与学生沟通和交流，耐心、细致地为学生讲清基础知识与方法，切忌急躁、冒进。新课阶段每章最好采用"课本—小测验—章末复习"三段式教学法，考试应以考查学生对基础知识掌握情

况为主，综合题和难题少出或不出。

4. 重视学法指导，培养学生良好的学习习惯

高一教学重在培养学生良好的学习习惯，培养学生分析问题和解决问题的学习品质。上课时要指导学生做笔记，要求学生及时改正错题，总结解题规律和方法。培养学生积极思考问题，独立完成作业，以及解题后反思、课后小结的良好学习习惯。教师要注重解题规范性与条理性示范，典型例题详细讲解，规范作图，准确使用数学语言，完整板书，做学生的典范。对学生板演和作业中不规范的地方应及时指正，阅卷时严格扣去不规范的分数；引导学生主动参与数学教学活动，尝试用自己的方式去解决问题，发表自己的看法。

5. 重视数学知识的形成与应用过程

依据学生已有的知识背景和活动经验，教师提供大量的操作、思考、交流、探究、数学文化等内容，通过对一个个问题的研讨，逐步展开相应内容的学习，让学生真正经历"学数学""用数学"的过程。在学习过程中鼓励学生自主探索与合作交流，引导学生主动参与观察、实验、猜测、验证、推理与交流等数学活动。在教学中强调以理服人、重视分析、善于概括和推理；内容讲授层次清楚、线索分明；课堂教学设计步步深入、层层剥笋；教学过程善于启发、诱导和点拨，以达到浑然天成、合乎自然的目的。

初中与高中数学的衔接既是知识的衔接，又是教学方法、学习方法、学习习惯和师生情感的衔接，只有综合考虑学情、课标、教材、教法和考题等方面的因素，才能制定出较完善的措施。教学没有固定的方法，但也不是无章可循的，教师要不断地探讨教学的规律，为提高课堂教学的质量不懈努力；要不断提高自身素质，强化自身的业务能力，以自身的人格魅力影响学生，以自身的严谨作风感染学生，以自身过硬的专业指导学生。

高考篇

　　高考是每个人求学生涯中必不可少的一次考验。每个星夜都见证着无数学子的拼搏，每个清晨都萦绕着学子们追求梦想的吟诵。

　　青春红似火，大志壮如山。让勇气和毅力见证这耀眼的辉煌吧！岁月多娇、人物风流，让严谨和智慧助力那最终的锦绣吧！

　　教不厌其精，学不厌其细。把高考看成对一个人信仰、品德、习惯、毅力、勇气和心态的博弈，用信心去努力，用勇气去挑战，用实力去证明，用智慧去成就，不负韶华，不悔青春！

优秀需要用心去做

——高考备考的思考与实践

一、指导思想

三个贴近：贴近学生实际，贴近考题，贴近教材。

三个突出：突出抓基础知识，突出抓解题规范，突出抓做题准确性。

三个坚持：坚持以学定教、教之有度；坚持考必阅、阅必讲、讲必改（改错）、改必思（反思）、思必结（总结）；坚持降低起点、打牢基础。

三个立足：立足于85%以上的学生，立足于中低档试题，立足于课堂。

二、备考原则

三讲三不讲：思维过程和重要方法必讲，讲了学生仍不会的题不讲；典型试题、知识缺漏和误区必讲，学生会的题不讲；有望拿到分的题必讲，讲了学生仍不得分的题不讲。

三要三不要：要有针对性，不要面面俱到；要循序渐进，不要设法一步到位；要加强方法指导，不要就题论题。

三、备考计划

第一阶段：高三第一学期至3月9日进行第一轮复习。

宗旨：紧扣考点、重温教材；深化理解、夯实基础。

第二阶段：3月10日至5月20日进行第二轮复习。

宗旨：突出主干、精准指导；构建体系、提升能力。

第三阶段：5月20日至6月5日进行模拟训练。

宗旨：查缺补漏、加强记忆；强化训练、心理调适。

四、备考措施

（一）凝心聚力，团结协作

高考备考没有主角配角之分，只有演好自己的角色，方可成就团队的辉煌，演绎个人的精彩。《西游记》中唐三藏没有降服妖魔鬼怪的本事；孙悟空没有耐心；猪八戒容易放弃；沙和尚憨厚。只有他们组成一个团队才能完成目标，个人也才能得到升华。团队影响个人，伟大的团队成就卓越的个体。只有团队中每个人都付出，团队才能变得卓越。

1. 凝心聚力，知难而上，勇于拼搏。

2. 消除推诿，统一认识，增强执行力。

3. 科任教师互通情况、互相配合，以班级为单元，组成备考小单位。

4. 多实干，少怨言。少一些计较之心，别把抱怨当习惯。

（二）优化课堂教学，提高复习效率

课堂是提高教学成绩的主阵地，珍惜课堂 45 分钟，向课堂要质量。

1. 平衡"教"与"学"的关系。将"学""思""讲""结""练"结合，学教融合，讲学生不懂的知识、练学生易错的试题。需要讲解的问题要讲深、讲透，杜绝"蜻蜓点水"。

2. 降低起点，巩固"三基"。回归教材，加深知识点的记忆、理解；不讲高难度题，关注中档题，突出做题熟练度与准确度的训练。

3. 精选典型试题，讲解时立足于讲方法、讲思维、讲思想、讲错因、讲防范。

4. 归纳总结，完善知识结构，培养知识迁移能力。

5. 易错题反复练，容易题和中档题规范练，做到会而不错、对而规范。

（三）优化讲评，提高学科思维能力

高三复习，讲评试卷是一个重要环节。就题论题、对答案式的讲评是要杜绝的。讲评的重点应是试题蕴含的学科思想和解题方法，采用归类、纠错、变式、迁移、辩论等相结合的试卷讲评方式。

1. 剖析错误、追溯误因、补救思考缺陷、正本清源。

2. 重视通性、通解、通法，总结思维方法和解题规律。

3. 举一反三、多题一解，体现思想方法。

4. 采用讲解与讨论相结合、知识与方法相结合、纠错与反思相结合的试卷讲评方法。

（四）研究高考，让备考具有针对性

学生优异成绩的取得有多种因素，但有一点是不容置疑的，那就是对高考的研判和准确把握。摸清了高考命题的方向和规律，复习就有针对性，有的放矢才能实现精准备考。

1. 研究高考试题，探寻高考命题规律

《中国高考评价体系》承载着命题的思想，高考试题是考查学生学科核心素养的载体。作为备考的指导者，最好的备考灵感源于考试中心对试题的解读和第一时间解答当年高考试题，因为这是理念的碰撞、心灵的感悟，有助于我们弄清楚试题考查的基本内容、基本方法、关键能力和学科核心素养，明确命题者意图。

2. 研究解题方法

每道题解法多样，不论何种方法，作为教育者，要看到方法背后的本质，研究不同解法的优势和不足，特别是能培养学生思维品质和学核素养的解法要作为重要的教学资源去利用。

3. 注重讲题策略

对教师来说，试题讲解保持原创，揭示教者思维过程，更能展现试题的内涵。对学生出现的错误，既要分析错因，给出正确解法，还要说明防错之法。

（五）加强管理，向管理要质量

解题方法不是教师教会的，是靠学生"悟"出来的；能力不是与生俱来的，是学生"练"出来的。试卷终究要学生作答，教师不能代替，如果学生学习不主动、不认真思考，内因没有变化，教师的付出就会付诸东流。

1. 加强班风建设，学风培养

建设积极向上、弘扬正气、刻苦学习、纪律严明的班集体，形成比学、互帮、超越的良好学风。

2. 大胆管理，恩威并举

管理有两层含义：一是理，二是管。理在前，管在后。理就是摆事实、讲道理，也就是动之以情、晓之以理，使学生心服口服，敬重你、崇拜你；管就是监督、约束、教育惩戒。

3. 勤跟班，及时发现学生存在的问题

以谈心触其心灵，做深入细致的思想工作，解决学生在学习和生活中出现的问题。

4. 加强考练管理

要求学生认真对待考练，百分之百地投入。考练时不缺席、不讨论、不查资料、不提前交卷，把考练考试化，考试高考化，高考考练化。

教不厌其精，学不厌其细。高三是每位学生人生的一个起点，只有努力、拼搏、坚持，才会拥有一颗强大的内心，最后必将走向舞台的中央，成就梦想；高三是人生的一次经历，不管结果如何，沿途的风景总是优美的。

高考数学第二轮复习建议与策略的构建

如果说第一轮复习主要以纵向为主，顺序复习的话，那么，二轮复习阶段就是以横向为主，突出主干和重点的专题，提炼基本数学思想和数学方法。在这一复习过程中，内容的选取一定要有目的性和针对性，特别要考虑学生的实际，密切关注学生的信息反馈，防止过分拔高、加重学生学习负担。

一、解读考题，走近高考

高考承载着太多的希望，是社会关注的焦点，对教师的教和学生的学有重大影响。高考命题专家都期望通过高考试题来推动数学教学改革和新高考改革，在备考时注意：一、要研究《中国高考评价体系》，探寻命题规律，准确定位复习目标；二、要研究高考试题，找共性、差别、趋势、动态、新意、变化；三、要理解命题者意图，体会为什么这样考。

二、立足"三基"，夯实基础

1. 高考题源于课本又高于课本，许多题都是课本习题的改造、组合和嫁接。二轮复习要求学生能够准确记忆课本的定义、公式、定理、结论等；掌握公式的顺用、逆用，公式、定理的推导；明确文字、图形和符号等数学语言的准确表达和应用。有些反复出错的知识教师要引导学生回归课本，认知知识的生成过程。

2. 重视通性通法，强化数学方法，领悟数学思想的真谛。核心思想方法要通过例题讲评和练习巩固凸显出来，在课堂上重点解决。在复习中，通过一些典型题，提炼技巧；熟练掌握换元法、配方法、待定系数法、归纳法、反证法、坐标法等数学方法；强化函数与方程思想、数形结合思想、化归转化思想、分类讨论思想和特殊与一般思想。

3. 强化运算，规范解答。强化运算，提高运算能力，合理运用概念、公式、法则和定理保证运算的准确性，设计运算方向和过程达到运算的简捷，运用数学思想方法化繁为简提高运算程序的可靠性；规范解答，形成良好的解题习惯。给学生示范和展示解题过程，使他们领会得分点和扣分点，做到求解层次分明、结构完整。

4. 选题典型，切忌难、大、综合三位一体的试题。试题选取不宜太难，要体现数学思想方法。仿真高考试题，做完一道题后引导学生反思。

三、明确主体，突出重点

专题复习由于受时间的限制，不可能对所有内容再过一遍，因此，在高考二轮复习中要突出重点、抓住主体，以主干内容为支撑点，典型例题为载体，把所学知识连成线、织成网，有针对性地复习，这样才能提升学生的数学能力。

1. 数列

数列试题的难度近年来呈下降趋势，特别是弱化了数列递推关系的难度，由原来的难题逐步变成基础题、中档题。其特点是朴实中呈现特色、创新中彰显思维。大题常考求通项公式、求和、求解或证明相关不等式问题，小题常考等差数列、等比数列的性质和"知三求二"的计算问题。因此，对于数列复习不要做过难和技巧性过大的题，要重视常规方法，做到精确计算。

2. 三角函数

三角函数常以向量为工具，三角形为载体，结合正弦定理和余弦定理考查解三角形和三角式的值，考查三角函数的性质、图象及作图。小题重点考三角函数周期性、单调性、最值及对称性，判断奇偶性，图象变换、识图、用图，简单的解三角形等。具有"旧瓶装新酒，酒香更诱人"的特色。复习时要记准公式、注意细节，特别不能忽视多解的取舍和角的范围讨论。

3. 立体几何

立体几何试题的特点是悟理重于计算，计算贵于准确。解答题通常是二至三问，主要考查空间直线与直线、直线与平面、平面与平面平行和垂直关系的论证；计算空间角，其中求二面角较多；理科不能忽视计算点到面的距离，文科对计算几何体面积、体积要进行重点训练。小题要重视直线与直线、直线与平面、平面与平面位置关系的判断，球体的内接、外接问题和球面距离等。立体几何下手容易，有一定的计算量，但不是很大，特别是文科题，属于基础题。由于教材删去了三垂线定理及逆定理，理科题求二面角的问题用向量解决就显得尤为重要。解题应注意空间坐标系建立的过程和每一个坐标生成的过程（有些点的坐标需要通过计算获得），力求坐标设立正确、法向量计算正确、公式记忆正确，做到重计算、抓结果。

4. 概率与数理统计

这部分内容考得非常全面、常考常新、试题背景信息量大，题目往往很长，但难度不大。大题常考分布列结合统计，有时也单纯地考概率，分布列与统计结合的试题往往与频率分布直方图、茎叶图、抽样、函数关系式有关。小题以概率为主，也考排列组合、二项式定理、正态分布、回归方程、独立性检验、众数、中位数和平均数的估算等，但要求较低。其特点是统计与概率双管齐下，体现《课标》特色。复习时要重视课本习题，多做高考题，仔细体会、细细品味，深化对试题本身的理解，读懂题意，注重审题，抓表述、重细节。

5. 解析几何

解析几何内容丰富、出题面大、角度多，多出中高难度试题，大题通常两问，主要考轨迹，直线与椭圆、直线与抛物线的位置关系，有时会结合圆的性质，涉及弦长、中点弦、对称性、最值和参数范围等问题。在求解方法上，直线与椭圆、直线与抛物线的位置关系打破了韦达定理"一统天下"的格局，要重视求直线与椭圆、直线与抛物线交点坐标的考查。小题难度有所下降，常以基本运算、基本性质为目标的解析基本量的计算，热衷于离心率（以双曲线为重点）、圆的方程和几何性质的考查。其特点是常考常新，风采迷人，入手容易得高分难。复习时要重思想、抓过程，注重函数与方程思想，善于把几何性质转化为代数关系，学会偷分、抢分。

6. 函数与导数

函数与导数问题是高考的压轴题，每年的考题新颖、不重复、难度大，给人以"无可奈何花落去，似曾相识燕归来"之感。此题把高中数学的主要思想（函数方程思想、数形结合思想、化归转化思想、分类讨论思想）体现得淋漓尽致，一般要对参数讨论。通常设两问，涉及求单调区间、最值，以切线和极值为载体的求参数值、求参数范围、证明不等式等问题。突出函数与不等式、导数的结合。小题主要考初等函数的性质，如单调性、奇偶性、周期性、对称性、函数值域、零点、图象变换和解不等式等，也属于难题。复习时要重思维、抓实效，特别是求导公式和法则，求切线、单调区间、极值、最值的方法要牢牢掌握。

四、强化训练抓落实，充分发挥学生的主体作用

面对高考，教师要引导学生积极思考、勤动手，归纳、构建知识体系和解题方法。课后作业要常检查、常督促，学生不会做的试题要及时给予指导、讲评。特别是高考的重点、热点要讲深、讲透、讲到位，对一些中档题要让学生反复训练、真正掌握，防止隐性失分。每次模拟考试后讲评试卷要重视讲评质量，寻找近期复习的不足和误区、学生存在的问题以及未实现的目标，制定改进对策，提出下一阶段复习的目标。把模拟训练的作用落到实处，使学生在练中感悟知识、形成能力，提高学生的应试技能。

总之，高考试题是在不断变化的试题中考不变的知识，在不断创新中考永恒的主题——数学核心素养。因此，立足基础、提高能力、聚焦素养是复习的宗旨。优化复习方法，把功夫下到平时，高考取得高分就是顺理成章的事情了。

高考数学提分秘诀

新高考理念下的教学主张培养学生的学科核心素养，倡导素质教育，反对"刷题"，杜绝"题海战术"，实现从"解题"到"解决问题"的转变。高考并不反对"分数"，因为没有分数就无从谈学科素养，离开分数去谈高考是不负责任的，学生考低分的教育一定不是素质教育。因此，在高考复习中如何提高学生的数学成绩是每一位数学教师必须正视的问题，下面就这一问题谈一些看法。

一、读懂题意，严谨审题

试题的条件既有"明"条件又有"隐"条件，由明面上的条件想到其内涵，隐含条件要通过题意去挖掘。所以在审题时要做到三点：一是读题慢，一道题读三遍，甚至是咬文嚼字；二是有画图意识；三是善联想、想知识、想关联、想方法、想图形。下面介绍几种审题策略。

一审结论会转换。解决问题的最终目标是求出结果或证明结论，解决问题的思维过程大多围绕着结论定向思考。审视结论就是在结论的引导下，探索已知条件和结论之间的内在联系和转化规律，善于从结论中捕捉解题信息，并能对结论进行转化，使之逐步靠近条件，从而发现和确定解题方向。

【案例1】若数列 $\{a_n\}$ 对任意的正整数 n，都有 $|a_{n+1}| + |a_n| = d$（d 为常数），则称 $\{a_n\}$ 为"绝对和数列"，d 叫作"绝对公和"。已知"绝对和数列" $\{a_n\}$ 中，$a_1 = 2$，"绝对公和" $d = 2$，则其前 2021 项和 S_{2021} 的最小值为_____.

审题指导：由 $|a_{n+1}| + |a_n| = d$ 知，$|a_2| = |a_4| = \cdots = |a_{2n}| = 1$，$|a_1| = |a_3| = \cdots = |a_{2n-1}| = 2$，所求前 2021 项的和 S_{2021} 最小值说明了什么？如果要求前 2021 项的和 S_{2021} 的最大值又怎样解决呢？

二审条件挖隐含。有的数学试题条件不明显，寓于概念、存于性质或含于图形、图表。审题时，就要深入挖掘这些隐含条件和信息，认真观察分析图表、数据特征和规律，找到解决问题的思路和方法。

【案例2】 已知函数 $f(x)$ 是定义在 **R** 上的偶函数，且在区间 $[0, +\infty)$ 上单调递增，若实数 a 满足 $f(\log_2 a) + f(\log_{\frac{1}{2}} a) \leqslant 2f(1)$，则 a 的取值范围是_____.

审题指导：由 $\log_{\frac{1}{2}} a = -\log_2 a \xrightarrow{f(x) \text{ 是偶函数}} f(\log_2 a) \leqslant f(1)$

$\xrightarrow{f(x) \text{ 在} [0, +\infty) \text{ 上单调递增}} |\log_2 a| \leqslant 1 \xrightarrow{\text{隐含} a > 0} a$ 的取值范围。

三审结构定方案。数学问题中的条件和结论，很多都是以数式的结构形式呈现的，在这些数式结构中，往往隐含着某种特殊关系，认真审数式的结构特征，对数式结构深入分析、加工转化，就可以找到解决问题的方案。

【案例3】 设数列 $\{a_n\}$ 满足 $a_1 + 3a_2 + \cdots + (2n - 1)a_n = 2n$.

（1）求 $\{a_n\}$ 的通项公式；

（2）求数列 $\left\{\dfrac{a_n}{2n + 1}\right\}$ 的前 n 项和。

审题指导：（1）$a_1 + 3a_2 + \cdots + (2n - 1)a_n = 2n \xrightarrow[\substack{(2n-1)a_n}]{\text{观察等式结构}}$ 数列 $\{(2n - 1)a_n\}$ 的前 n 项和 $T_n = 2n \xrightarrow{\text{利用通项与前} n \text{ 和的关系求解}} a_n = \dfrac{2}{2n - 1}$.

（2）$a_n = \dfrac{2}{2n - 1} \longrightarrow \dfrac{a_n}{2n + 1} = \dfrac{2}{(2n + 1)(2n - 1)} \xrightarrow[\text{适合裂项求和}]{\text{分析分式的结构}} \dfrac{a_n}{2n + 1} = \dfrac{2}{(2n + 1)(2n - 1)} = \dfrac{1}{2n - 1} - \dfrac{1}{2n + 1} \longrightarrow$ 裂项求和。

四审图形抓特点。在不少数学高考试题中，问题的条件经常以图形的形式给出，或将条件隐含在图形中。因此，在审题时，要善于观察图形，洞悉图形所隐含的特殊关系、数值特点和变化趋势。抓住图形的特征，运用数形结合的思想去破解考题。

【案例4】 设椭圆 $E: \dfrac{x^2}{a^2} + \dfrac{y^2}{b^2} = 1 (a > b > 0)$ 的左顶点为 A，左焦点为 $F(-2, 0)$，直线 $y = kx$ 与 E 相交于 B，C 两点，若直线 BF 平分线段 AC 于 M，则椭圆 E 的方程为_____.

审题指导：①直线 BF 平分线段 AC 于 $M \Rightarrow BM$ 是 AC 边上的中线。②直线 $y = kx$ 与 E 相交于 B，C 两点 $\Rightarrow$ 点 B，C 关于原点对称 $\Rightarrow AO$ 是 BC 边上的中线。

由①②得，F 为 $\triangle ABC$ 的重心，所以 $|OF| = \dfrac{1}{3}|OA|$，即 $a = 3c = 6$。又 $b^2 = a^2 - c^2$，$\therefore b^2 = a^2 - c^2 = 32$，$\therefore$ 椭圆 E 方程为：$\dfrac{x^2}{36} + \dfrac{y^2}{32} = 1$。

二、理解知识内涵，把握解题本质

（一）试题分析

【案例5】讨论函数 $f(x) = ae^{-x} - e^x + x\,(a > 0)$ 的单调性。

解：由题意可知函数 $f(x)$ 定义域为 $\mathbf{R}$，

$$f'(x) = -ae^{-x} - e^x + 1 = \dfrac{-(e^x)^2 + e^x - a}{e^x}.$$

当 $a - \dfrac{1}{4} \geq 0$，即 $a \geq \dfrac{1}{4}$ 时，$f'(x) \geq 0$，所以 $f(x)$ 在 $\mathbf{R}$ 上单调递减。

当 $a - \dfrac{1}{4} < 0$，即 $0 < a < \dfrac{1}{4}$ 时，由 $f'(x) = 0$ 得 $e^x = \dfrac{1 - \sqrt{1 - 4a}}{2}$ 或

$$e^x = \dfrac{1 + \sqrt{1 - 4a}}{2}.$$

因为 $a > 0$，所以 $\dfrac{1 - \sqrt{1 - 4a}}{2} > 0$，

从而 $f'(x) = 0$ 的解为 $x = \ln \dfrac{1 - \sqrt{1 - 4a}}{2}$ 或 $x = \ln \dfrac{1 + \sqrt{1 - 4a}}{2}$。

当 $x \in (-\infty, x_1)$ 时，$f'(x) < 0$，$f(x)$ 单调递减；

当 $x \in (x_1, x_2)$ 时，$f'(x) > 0$，$f(x)$ 单调递增；

当 $x \in (x_2, +\infty)$ 时，$f'(x) < 0$，$f(x)$ 单调递减。

点评：许多学生解决这类问题的做法是求出 $f'(x)$ 后，直接解不等式 $f'(x) > 0$ 或 $f'(x) < 0$，得出递增（或递减）区间，其实这是一个误区。为什么是误区呢？其原因是：利用导数求函数单调区间的本质是判断 $f'(x)$ 在定义域上的正负，有些试题在一定条件下 $f'(x)$ 的正负是显而易见的。因此，利用导数求函数 $f(x)$ 单调区间的步骤是：1. 求定义域；2. 求 $f'(x)$ 并结合定义域和参数范围判断 $f'(x)$ 的正负；3. 如果 $f'(x)$ 的正负是显而易见的，则直接写

出结果；如果 $f'(x)$ 的正负无法确定，这时再解不等式 $f'(x) > 0$ 或 $f'(x) < 0$ 即可。

（二）学习建议

1. 深刻理解解题中涉及的数学知识，做到结论运用准确，突出数学思想指导解题过程。

2. 以试题为抓手，理解数学知识的本质特征。

三、建构解题规律，形成解题经验

（一）试题分析

【案例6】若不等式 $mx^2 + 2mx + 1 > 0$ 对任意 $x \in \mathbf{R}$ 恒成立，则 m 的取值范围是_____．（课本习题）

变式1：若不等式 $mx^2 + 2mx + 1 > 0$ 对任意 $x \in [1, 2]$ 恒成立，则 m 的取值范围是_____．

变式2：若不等式 $mx^2 + 2mx + 1 > 0$ 对任意 $|m| \leq 1$ 恒成立，则 x 的取值范围是_____．

点评：一元二次不等式恒成立问题的求解方法：

（1）不等式 $f(x) \geq 0 (f(x) \leq 0)$ 对任意 $x \in \mathbf{R}$ 恒成立确定参数范围："Δ" 法。

（2）不等式 $f(x) \geq 0 (f(x) \leq 0)$ 对任意 $x \in [a, b]$ 恒成立确定参数范围：分离参数法、最值法、图象法。(解决不等式恒成立问题的基本方法)

（3）不等式 $f(x) \geq 0 (f(x) \leq 0)$ 对任意 $m \in [a, b]$ 恒成立确定 x 的范围：主元互换法。

（二）学习建议

1. 总结归纳解决某一问题的基本方法，形成规律意识。

2. 不要过分追求巧解，防止方法选择时举棋不定、犹豫不决。

3. 准确认识解题方法的适用条件，快速做出解法选择。

四、树立运算信心，不回避运算

（一）试题分析

【案例7】已知椭圆 $C : \dfrac{x^2}{a^2} + \dfrac{y^2}{b^2} = 1 (a > b > 0)$ 的离心率为 $\dfrac{\sqrt{2}}{2}$，右焦点为 F，

以原点 O 为圆心, 椭圆 C 的短半轴长为半径的圆与直线 $x - y + \sqrt{2} = 0$ 相切。

(1) 求椭圆 C 的方程;

(2) 如图 1, 过定点 $P(2, 0)$ 的直线 l 交椭圆 C 于 A, B 两点, 连接 AF 并延长交 C 于 M, 求证: $\angle PFM = \angle PFB$.

解: (1) 椭圆 C 的方程为 $\dfrac{x^2}{2} + y^2 = 1$.

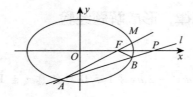

图 1

(2) 依题意可知直线 l 的斜率存在, 设 l 的方程为 $y = k(x - 2)$.

由 $\begin{cases} y = k(x - 2), \\ \dfrac{x^2}{2} + y^2 = 1, \end{cases}$ 得 $(1 + 2k^2)x^2 - 8k^2 x + 8k^2 - 2 = 0$.

∵ l 与椭圆有两个交点,

∴ $\Delta > 0$, 即 $2k^2 - 1 < 0$.

设 $A(x_1, y_1)$, $B(x_2, y_2)$, 直线 AF, BF 的斜率分别为 k_1, k_2,

则 $x_1 + x_2 = \dfrac{8k^2}{1 + 2k^2}$, $x_1 \cdot x_2 = \dfrac{8k^2 - 2}{1 + 2k^2}$.

∵ $F(1, 0)$,

∴ $k_1 + k_2 = \dfrac{y_1}{x_1 - 1} + \dfrac{y_2}{x_2 - 1} = 2k - k \times \left(\dfrac{1}{x_1 - 1} + \dfrac{1}{x_2 - 1} \right)$

$= 2k - k \times \dfrac{x_1 + x_2 - 2}{x_1 \cdot x_2 - (x_1 + x_2) + 1}$

$= 2k - k \times \dfrac{\dfrac{8k^2}{1 + 2k^2} - 2}{\dfrac{8k^2 - 2}{1 + 2k^2} - \dfrac{8k^2}{1 + 2k^2} + 1}$

$= 2k - k \times \dfrac{4k^2 - 2}{2k^2 - 1} = 0$,

即 $\angle PFM = \angle PFB$.

点评：第（2）题重点考查直线与椭圆的位置关系，就试题难度而言，只能属于中档题，但是考后调查，学生普遍得分在 5 到 7 分之间，可见得分并不高。失分原因何在？一是直线方程与椭圆方程联立消去 y 后得出的一元二次方程不正确；二是 $k_1 + k_2$ 化简不下去或化简结果错误。

（二）学习建议

1. 敢于运算，不能遇到稍有运算量的试题就轻言放弃，只要方法对，就要坚持做下去。

2. 在平时做题时积累一些运算技巧和一些常用的"二级"结论。

五、解题过程规范，详略得当

（一）试题分析

【**案例8**】已知函数 $f(x) = 2\sqrt{3}\sin\omega x\cos\left(\omega x + \dfrac{\pi}{3}\right) - 2\cos^2\omega x + \dfrac{5}{2}(\omega > 0)$ 图象上相邻的两个最低点间的距离为 π，求 ω 的值。

学生解答该题时出现三种错误：一是由题意直接得出最小正周期 $T = \pi$；二是由 $T = \dfrac{2\pi}{\omega}$ 得出 $\omega = 2$；三是将 $f(x)$ 错化为 $f(x) = \sin\left(2\omega x + \dfrac{\pi}{3}\right)$ 或 $f(x) = \sin\left(2\omega x - \dfrac{\pi}{2}\right)$.

为什么会出现上述错误呢？其原因只有一点，就是将 $f(x)$ 没有化成标准型或化为标准型时出错。

规范解答过程是：

$$f(x) = 2\sqrt{3}\sin\omega x\left(\dfrac{1}{2}\cos\omega x - \dfrac{\sqrt{3}}{2}\sin\omega x\right) - 2 \times \dfrac{1 + \cos2\omega x}{2} + \dfrac{5}{2}$$

$$= \sqrt{3}\sin\omega x\cos\omega x - 3\sin\omega^2 x - \cos2\omega x + \dfrac{3}{2}$$

$$= \dfrac{\sqrt{3}}{2}\sin2\omega x - 3 \times \dfrac{1 - \cos2\omega x}{2} - \cos2\omega x + \dfrac{3}{2}$$

$$= \dfrac{\sqrt{3}}{2}\sin2\omega x + \dfrac{1}{2}\cos2\omega x$$

$$= \sin2\omega x\cos\dfrac{\pi}{6} + \cos2\omega x\sin\dfrac{\pi}{6}$$

$$= \sin\left(2\omega x + \frac{\pi}{6}\right).$$

由 $T = \frac{2\pi}{2\omega} = \pi$，得 $\omega = 1$.

（二）学习建议

1. 关键的解题环节不可缺失，表述要详略恰当。

2. 认真阅读高考试题答案的评分标准，明确得分点。

3. 书写工整、卷面整洁，合理利用草稿纸。

六、重视阅读，在情境（试题）阅读上下功夫

（一）试题分析

【案例9】2019 年 7 月 1 日至 3 日，世界新能源汽车大会在海南博鳌召开，以"新时代、新变革、新产业"为主题，突出电动化、智能化、共享化融合发展特色。某汽车公司顺应时代潮流，新研发了一款新能源汽车，并在出厂前对 100 辆汽车进行了单次最大续航里程（理论上是指新能源汽车所装载的燃料或电池所能够提供给车行驶的最远里程）的测试。现对测试数据进行分析，得到如图 2 所示的频率分布直方图。

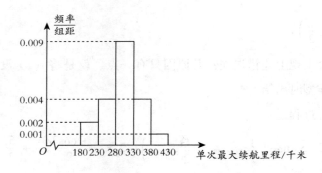

图 2

（1）估计这 100 辆汽车的单次最大续航里程的平均值 $\bar{x}$（同一组中的数据用该组区间的中点值代表）。

（2）根据大量的汽车测试数据，可以认为这款汽车的单次最大续航里程 X 近似地服从正态分布 $N(\mu, \sigma^2)$，用样本平均数 $\bar{x}$ 作为 μ 的近似值，用样本标准差 s 作为 σ 的估计值，经计算样本标准差 s 的近似值为 50，现任取一辆汽车，求它的单次最大续航里程恰在 250 千米到 400 千米之间的概率。

参考数据：若随机变量 ξ 服从正态分布 $N(\mu, \sigma^2)$，则 $P(\mu - \sigma < \xi \leq \mu + \sigma) \approx 0.6827$，$P(\mu - 2\sigma < \xi \leq \mu + 2\sigma) \approx 0.9545$，$P(\mu - 3\sigma < \xi \leq \mu + 3\sigma) \approx 0.9973$.

（3）某汽车销售公司为推广此款新能源汽车，现面向意向客户推出"玩游戏，送大奖"活动，客户可根据抛掷硬币的结果，操控微型遥控车在方格图上行进，若遥控车最终停在"胜利大本营"，则可获得购车优惠券。已知硬币出现正、反面的概率都是 $\dfrac{1}{2}$，方格图上标有第 0 格，第 1 格，第 2 格，……第 50 格。遥控车开始在第 0 格，客户每掷一次硬币，遥控车向前移动一次，若掷出正面，遥控车向前移动一格（从 k 到 $k+1$），若掷出反面，遥控车向前移动两格（从 k 到 $k+2$），直到遥控车移到第 49 格（胜利大本营）或第 50 格（失败大本营）时，游戏结束。设遥控车移到第 n 格的概率为 P_n，试说明 $\{P_n - P_{n-1}\}$ 是等比数列，并解释此方案能否成功吸引顾客购买该款新能源汽车。

解：（1）$\bar{x} = 0.002 \times 50 \times 205 + 0.004 \times 50 \times 255 + 0.009 \times 50 \times 305 + 0.004 \times 50 \times 355 + 0.001 \times 50 \times 405 = 300$（千米）.

（2）由题意知 $X \sim N(300, 2500)$，

$\therefore P(250 < X \leq 400) \approx 0.9545 - \dfrac{0.9545 - 0.6827}{2} = 0.8186$，

$\therefore$ 任取一辆汽车，它的单次最大续航里程恰在 250 千米到 400 千米之间的概率为 0.8186.

（3）遥控车开始在第 0 格为必然事件，$P_0 = 1$. 第一次掷硬币出现正面，遥控车移到第 1 格，其概率为 $\dfrac{1}{2}$，即 $P_1 = \dfrac{1}{2}$；

遥控车移到第 $n(2 \leq n \leq 49)$ 格的情况是下面两种，而且只有两种：

① 遥控车先到第 $n-2$ 格，再掷出反面，其概率为 $\dfrac{1}{2}P_{n-2}$；

② 遥控车先到第 $n-1$ 格，再掷出正面，其概率为 $\dfrac{1}{2}P_{n-1}$；

$\therefore P_n = \dfrac{1}{2}P_{n-2} + \dfrac{1}{2}P_{n-1}$，

$\therefore P_n - P_{n-1} = -\dfrac{1}{2}(P_{n-1} - P_{n-2})$，

∴ 当 $1 \leqslant n \leqslant 49$ 时，数列 $\{P_n - P_{n-1}\}$ 是等比数列，

首项为 $P_1 - P_0 = -\dfrac{1}{2}$，公比为 $-\dfrac{1}{2}$，

∴ $P_1 - 1 = -\dfrac{1}{2}$，$P_2 - P_1 = \left(-\dfrac{1}{2}\right)^2$，$P_3 - P_2 = \left(-\dfrac{1}{2}\right)^3$，$\cdots$，

$P_n - P_{n-1} = \left(-\dfrac{1}{2}\right)^n$。

∴ $P_n = (P_n - P_{n-1}) + (P_{n-1} - P_{n-2}) + \cdots + (P_1 - P_0) + P_0$

$= \left(-\dfrac{1}{2}\right)^n + \left(-\dfrac{1}{2}\right)^{n-1} + \cdots + \left(-\dfrac{1}{2}\right) + 1$

$= \dfrac{-\dfrac{1}{2}\left[1 - \left(-\dfrac{1}{2}\right)^n\right]}{1 + \dfrac{1}{2}} + 1 = \dfrac{2}{3}\left[1 - \left(-\dfrac{1}{2}\right)^{n+1}\right]$ （$n = 0$，1，$\cdots$，49），

∴ 遥控车停在"胜利大本营"的概率 $P_{49} = \dfrac{2}{3}\left[1 - \left(-\dfrac{1}{2}\right)^{50}\right]$，

遥控车停在"失败大本营"的概率 $P_{50} = \dfrac{1}{2}P_{48} = \dfrac{1}{2} \times \dfrac{2}{3}\left[1 - \left(-\dfrac{1}{2}\right)^{49}\right] = \dfrac{1}{3}\left[1 - \left(-\dfrac{1}{2}\right)^{49}\right]$。

∴ $P_{49} - P_{50} = \dfrac{2}{3}\left[1 - \left(-\dfrac{1}{2}\right)^{50}\right] - \dfrac{1}{3}\left[1 - \left(-\dfrac{1}{2}\right)^{49}\right] = \dfrac{1}{3}\left[1 - \left(-\dfrac{1}{2}\right)^{48}\right] > 0$，

∴ 遥控车停在"胜利大本营"的概率大。

∴ 此方案能成功吸引顾客购买该款新能源汽车。

点评：解答概率与统计试题的突破口是弄清题意，找到关键的数量关系，核心是数据分析。

（1）对于概率计算问题要认清是什么类型的概率，是古典概型、几何概型、条件概率，还是独立事件、互斥事件、独立重复试验的概率。

（2）理解图表数字、统计数据的具体含义，将其转化为公式中的字母。

（二）学习建议

1. 精读试题，明晰题意，厘清关系。

2. 学会用文字语言、符号语言和图形语言表达数学问题。

3. 勤于教材阅读，经历知识的形成过程和来龙去脉，理解数学知识的真正含义。

七、合理选择解题方法，减小运算量，提高准确性

(一) 试题分析

【案例10】如图3，已知三棱柱 $ABC-A_1B_1C_1$ 的底面是正三角形，侧面 BB_1C_1C 是矩形，M，N 分别为 BC，B_1C 的中点，P 为 AM 上一点。过 B_1C_1 和 P 的平面交 AB 于 E，交 AC 于 F.

(1) 证明：$AA_1 /\!/ MN$，且平面 $A_1AMN \perp$ 平面 EB_1C_1F；

(2) 设 O 为 $\triangle A_1B_1C_1$ 的中心。若 $AO /\!/$ 平面 EB_1C_1F，且 $AO = AB$，求直线 B_1E 与平面 A_1AMN 所成角的正弦值。

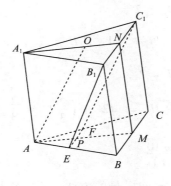

图 3

评析：这是2020年全国Ⅱ卷数学高考试题20题。第一问是基本题型，分值是6分，第二问是较难的问题，分值也是6分。该题的第一问考查证明直线与直线平行和平面与平面垂直，第二问考查直线与平面所成角的正弦值。超过半数的学生可以完成第一问，但第二问的得分率却相当低，很多考生都想建系完成，但建系时却发现没有任何一条直线是垂直底面的，要想建系，必须虚拟出这样一条 z 轴来，而且还不知道竖直方向（AA_1）的长度，所以无法继续进行，使考生得高分的较少。如果换个角度，用几何的方法去解决，就会更为简便。

证明（几何法）：$\because B_1N \perp$ 平面 A_1NMA，$EP \perp$ 平面 A_1NMA，

$\therefore B_1E$ 在平面 A_1NMA 上的射影是 PN.

如图4，作 $EH /\!/ PN$ 交 B_1N 于 H，

则 $\angle B_1EH = \alpha$ 为直线 B_1E 与平面 A_1NMA 所成的角。

167

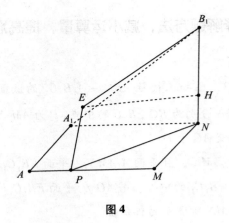

图 4

设 $\angle B_1 EH = \alpha$，$A_1 B_1 = 2$，

则 $EP = \dfrac{1}{3} BM = \dfrac{1}{3}$，$B_1 N = 1$，$B_1 H = \dfrac{2}{3}$，

$\therefore A_1 B_1 = PN = EH = 2$，

则 $EB_1 = \sqrt{EH^2 + B_1 H^2} = \sqrt{2^2 + \left(\dfrac{2}{3}\right)^2} = \dfrac{2}{3}\sqrt{10}$，

所以 $\sin\alpha = \dfrac{B_1 H}{EB_1} = \dfrac{\sqrt{10}}{10}$.

很多学生往往只重视空间向量的方法，不注重用几何的方法解决问题，加大了这道题的难度。

（二）学习建议

1. 解决立体几何试题时，不能只重视利用空间向量计算角，而忽视了几何的证明和求解。关注向量法和几何法的应用，分析它们各自的优势，选择运算比较简单的使用。

2. 试题不可能只有一种解法，有的试题有多种解法，要尽可能选择运算量较小的方法。

追根溯源，世界上所有的奇迹都是沿着正确的方向脚踏实地努力的结果。高考也不例外，在解决问题时从熟悉的情境、已知的知识出发，去思考数学中的定义和方法，研究用简单的方法去解决较难的问题，真正打开学生的思维方式，去探索数学知识的本真。

高考数学应试技巧与考前心理调适

高考是有压力的，没有压力就不正常了。考生考试时因为紧张超水平发挥的概率不是很大。不要期望不会的题取得高分，只要能把我们平时水平在考试中发挥出来就很不错了。要做到这一点，应试技巧及考前心理调适是很有必要的。

一、应试技巧

考试总纲

看题慢、审题准、做题快，

按序答题，先易后难，先熟后生。

不要纠缠在某一题、某一细节上。

不随便更改答案，相信第一感觉。

考前寄语

我易人易，我不大意；我难人难，我不畏难。

会的做对，无怨无悔；会的做完，不留遗憾。

（一）做好选择题和填空题

选择题和填空题是高考取得高分的保证，不能掉以轻心，一定要在第一时间去完成，切不可做了两道大题后再去做选择题和填空题。平均每题 3 分钟，时间不要超过 48 分钟，某道题一旦不会或纠缠 5 分钟左右，请做记号后跳过去。选择题不要小题大做或进行大量运算，可借助答案筛选、取特殊值、特殊函数、特殊数列、特殊图形、特殊点、特殊位置及数形结合等方法解决，其原则是"不择手段,多快好省"。解填空题不可口算、心算,养成动笔习惯,在草稿纸上有顺序、有条理地写出解答过程。

1. 准确运用易混淆的结论

对公式、定理和结论记忆要准确,要做到不混淆、正确运用,防止错用结论而导致解答错误的现象。

2. 解答选择题和填空题的策略是"四准二慢一快"

"四准"是运算准、知识运用准、方法选择准、解答结果准;"二慢"是读题慢、审题慢;"一快"是书写快。

(二) 解答题求解策略

做到仔细读题,读懂数据中暗藏的信息,解答详尽不啰唆,过程规范;方法选择合理,卷面整洁,条理清楚,尽可能用画图法。

三角题——记准公式,细心计算,规范解答。

数列题——掌握类型,用准公式,整体求解。

选作题——快速浏览,正确选题,重视思想。

立体几何题——准确识别,算证并举,灵活转化。

概率统计题——细致阅读,读懂题意,静心计算。

解析几何题——克服畏惧,数形结合,抓得分点。

函数导数题——认真审题,精妙转化,分步化解。

1. 检查关键步骤,避免无效作答

做解答题要检查解题过程,但不必每步必查,那样会浪费时间。如何做比较合理呢?只需要检查关键步骤即可,这样可以避免时间不够用的问题,也提高了解题的准确性。例如,解析几何试题中化一元二次方程,求判别式 Δ;利用向量解决立体几何试题时设点的坐标,求法向量;数列试题中解关于 a_1,d(或 q)的方程等都必须检查。

2. 准确定位,保证基础题有足够的解答时间

对自己要有一个准确定位,期望值不易过高,对一些难题、不会做的试题要学会放弃。中等或中上基础的同学要立足于做好基本题。如选择题 1 - 10 题,填空题 13 - 15 题,解答题的三角题(或数列题),概率统计题,立体几何题,极坐标、参数方程题(或不等式题)和解析几何、函数题的第一问。

3. 力求解答规范,防止隐性失分

隐性失分的主要原因有:审题重视不够,对题目的条件和要求未吃透,证明或计算"跳步","以图代证"时不把图形语言转化为文字语言，语言表述不准确、不完整，计算失误，没有分步得分的意识。要尽量使用数学符号表述、分部列式，避免运用综合式或连等式；不要跳步，关键步骤不可丢，即使过程简单也要写出基本步骤。

4. 相信自己，不要自乱阵脚

某一道题不会做是很正常的，你不会的题别人可能也不会做，做题时要相信自己，不要乱了阵脚，特别是难题位置前移更要有心理准备，不要患得患失。一旦遇到选择题答案判断不清、做题不流畅的情况，应相信自己的第一判断。

二、克服四种心理障碍

1. 强迫心理

做题时患得患失，一边做题一边考虑后面的题或前面不会做的题如何去做，做完一道题后强迫自己不断地回头检查。

应对策略：拿得起、放得下，检查关键步骤，通览试卷后不要受不会做的试题干扰。

2. 求巧心理

见到题目稍有思维障碍、运算稍繁就立即更换门庭，过分追求巧解，导致反复斟酌、举棋不定、浪费时间。

应对策略："咬定青山不放松"，重通法通解，不小题大做，也不大题小做。

3. 求同心理

拿到题目在自己的大脑中进行搜寻，看是否以前做过类似的题目，不做思考就提前介入导致审题不严谨，只注意显性信息，忽视隐性信息，曲解题意。

应对策略：认真审题，仔细思考，不要轻易上当。

4. 从众心理

看到别的考生做得快，盲目追随，打乱自己的解题节奏，导致准确率下降：容易题没做好，难题没有拿到分。

应对策略：对自己有信心，做自己的题，保证"准确率"。

三、心理调适

1. 充满自信，丢掉包袱

考前不要给自己确立目标，不要预定考什么大学、考多少分，而是保证各科考试能发挥出最好的水平。相信自己，保持一颗平常心。

2. 心态平和，消除紧张

考前几天心要静，与同学和老师多交流。在教室或一个安静地方看看书，放松而不放纵，不可过于兴奋。

3. 劳逸结合，不躁不馁

考前不要做太多题，但要做适量的题，适度热身。不要感到这儿不清楚，哪儿还没记下，把自己搞得慌慌张张、无所适从。

4. 合理休息，适当运动

作息时间与平时保持一致，活动时不要进行剧烈运动。

5. 注意饮食，预防疾病

忌吃生冷食物，不要喝冷饮，吃的水果要新鲜，预防感冒和胃肠道之类的疾病。

6. 与人为善，和睦相处

与同学、父母和睦相处，与监考老师和谐交流，考试时有一个好心情，高高兴兴地完成每一学科的考试。

高考是毅力、智力、能力、修养、态度和心态的博弈，在这场对决中，考的是学生的信心、勇气、实力、智慧。相信自己，我们的付出终将有回报。

树立六种意识，突破运用导数解决高考函数试题瓶颈

高中数学教材引入导数内容，丰富了学生研究数学问题的方法。导数的应用实现了函数与不等式、方程等多个知识点的交汇，深受命题者青睐。函数与导数问题是历年来高考数学的压轴试题，每年的考题都有新意、不重复、难度大，许多学生遇到导数试题就不知所措，思维没有方向。本文从培养学生"六种意识"入手，对函数与导数试题进行分析，破解其解题策略，突破求解瓶颈。

一、观察意识

数学解题中，观察是一种很重要的思维活动。为了顺利求解，要学会观察。观察对象可分为两类，一是对符号（数字、字母、运算符号、关系式）或文字所表示的数学关系式、命题或问题的观察；另一种是对图形、图象和图表的观察。在运用导数研究函数的单调性、极值、最值等问题中，常常涉及确定方程 $f'(x) = 0$ 的解，当通过解方程无法求出该方程的解时，就需要对方程的特征进行分析，求出 $f'(x) = 0$ 的解，从而达到解决问题的目的。

【案例1】已知函数 $f(x) = x^2 - ax$，$g(x) = \ln x$.

若 $f(x) \geqslant g(x)$ 对于定义域内的任意 x 恒成立，求实数 a 的取值范围。

解：由 $f(x) \geqslant g(x)$ 得：$x^2 - ax \geqslant \ln x (x > 0)$，

则不等式 $a \leqslant x - \dfrac{\ln x}{x}$ 对任意 $x > 0$ 恒成立。

设 $h(x) = x - \dfrac{\ln x}{x} (x > 0)$，于是 $h'(x) = \dfrac{x^2 + \ln x - 1}{x^2}$ ①.

观察①式，不难发现当 $x = 1$ 时，$h'(x) = 0$.

因为 $x \in (0, 1)$ 时，$h'(x) < 0$，函数 $h(x)$ 单调递减；当 $x \in (1, +\infty)$ 时，$h'(x) > 0$，函数 $h(x)$ 单调递增。所以函数 $h(x)$ 的最小值是 $h(1) = 1$.

所以实数 a 的取值范围是 $a \leqslant 1$.

点评：本题求解的关键是研究函数 $h(x)$ 在 $(0, +\infty)$ 上的单调性，而确定函数单调性不可回避的一点就是求方程 $h'(x) = 0$ 即 $x^2 + \ln x - 1 = 0$ 的根。如何求这一方程的根呢？这是用代数方法不能解决的，要善于观察，发现 $x = 1$ 是方程 $h'(x) = 0$ 的根。分析方程的特点，通过观察发现函数的定义域和单调性，实际上这是学生数学素养的体现，这方面的能力培养在平时的教学中是不容忽视的。

二、分离意识

分离变量解题是指通过将两个变量构成的不等式（或方程）变形到不等号（或等号）的两边，使两端变量各自相同，其中一个变量范围已知，另一个变量范围未知。在函数与导数试题中，涉及有关不等式恒成立、不等式存在解、方程有解和函数零点等问题，要着眼于这一方法。

【案例 2】已知函数 $f(x) = \ln x$，$g(x) = ax^2 - x(a \neq 0)$.

若函数 $y = f(x)$ 与 $y = g(x)$ 的图象有两个不同的交点 M，N，求实数 a 的取值范围。

解：由题意知方程 $\ln x = ax^2 - x(a \neq 0)$ 在 $(0, +\infty)$ 上有两个不等实数根。

方程可变形为 $a = \dfrac{\ln x + x}{x^2}(x > 0)$. 设 $h(x) = \dfrac{\ln x + x}{x^2}(x > 0)$，$y = a$，则函数 $h(x)$ 与 $y = a$ 的图象在 $(0, +\infty)$ 上有两个交点。

$h'(x) = \dfrac{1 - x - 2\ln x}{x^3}$. 当 $x \in (0, 1)$ 时，$h'(x) > 0$，函数 $h(x)$ 单调递增；当 $x \in (1, +\infty)$ 时，$h'(x) < 0$，函数 $h(x)$ 单调递减。所以函数 $h(x)$ 的最大值是 $h(1) = 1$.

因为 $h\left(\dfrac{1}{e}\right) = \dfrac{-1 + \dfrac{1}{e}}{e^{-2}} < 0$，$x \in (0, 1)$ 时，函数 $h(x)$ 单调递增，所以当 $x \to 0$ 时，$h(x) < 0$；又由于当 $x \in (1, +\infty)$ 时，$h(x) > 0$，故 a 的取值范

围是（0，1）．

点评：把方程 $\ln x = ax^2 - x(x > 0)$ 转化为 $a = \dfrac{\ln x + x}{x^2}$，通过研究函数

$h(x) = \dfrac{\ln x + x}{x^2}(x > 0)$ 的值域，得到 a 的取值范围是解决本题的基本思路，这一方法的关键是分离参数 a．通过分离参数，再借助函数的性质或图象解决问题，是求参数取值范围的一种常用方法。

三、构造意识

构造模型解题是根据题目的特征对问题进行深入分析，找出"已知"与"所求（或所证）"之间的联系，使解题另辟蹊径。用构造法解题时被构造内容是多样的，没有固定模式。在函数与导数试题中，构造函数、不等式或方程是证明不等式和讨论函数的零点等问题的一种行之有效的方法。

【案例3】已知函数 $f(x) = \ln x - ax + 1(a \in \mathbf{R})$．

（1）若 $f(x) \leqslant 0$ 恒成立，求实数 a 的取值范围。

（2）当 $n \in \mathbf{N}^*$，求证：$\dfrac{1}{2} + \dfrac{1}{3} + \cdots + \dfrac{1}{n+1} < \ln(n+1)$．

解：（1）由 $\ln x - ax + 1 \leqslant 0(x > 0)$ 知，$a \geqslant \dfrac{\ln x}{x} + \dfrac{1}{x}$．

设 $h(x) = \dfrac{\ln x}{x} + \dfrac{1}{x}$，对于任意 $x \in (0, +\infty)$，$f(x) \leqslant 0$ 恒成立的充要条件是当 $x > 0$ 时，$a \geqslant h(x)_{\max}$．

$h'(x) = -\dfrac{\ln x}{x^2}$，当 $x \in (0, 1)$ 时，$h'(x) > 0$，函数 $h(x)$ 单调递增；当 $x \in (1, +\infty)$ 时，$h'(x) < 0$，函数 $h(x)$ 单调递减。

所以当 $x = 1$ 时，$h(x)$ 的最大值是 $h(1) = 1$，故 $a \geqslant 1$．

（2）取 $a = 1$，由（1）知 $\ln x \leqslant x - 1$．

令 $x = \dfrac{n}{n+1}(n \in \mathbf{N}^*)$，则 $\ln \dfrac{n}{n+1} \leqslant \dfrac{n}{n+1} - 1$，

即 $\ln n - \ln(n+1) < -\dfrac{1}{n+1}$．

从而 $\ln 1 - \ln 2 + \ln 2 - \ln 3 + \cdots + \ln n - \ln(n+1) < -\left(\dfrac{1}{2} + \dfrac{1}{3} + \cdots + \dfrac{1}{n+1}\right)$，

故 $\dfrac{1}{2} + \dfrac{1}{3} + \cdots + \dfrac{1}{n+1} < \ln(n+1)$.

点评：问题（2）求解的关键是取 $a = 1$ ，构造不等式 $\ln x \leqslant x - 1$ ，令 $x = \dfrac{n}{n+1}(n \in \mathbf{N}^*)$ ，再结合不等式性质解答。根据所证不等式结构特征构造相应的函数或不等式，研究该函数单调性是解决这一问题的基本方法，体现了导数的工具性及函数与方程的思想。

四、图象意识

函数图象是函数性质的直观体现，借助图象可以把某些抽象的函数问题形象化、直观化、生动化，能够变抽象思维为形象思维，揭示数学问题的本质。在利用导数解题时，要善于构建函数模型，结合图象"以形助数"来解决问题。

【案例4】已知函数 $f(x) = \ln x - ax + 1$ ， $a \in \mathbf{R}$ 是常数。

讨论函数 $y = f(x)$ 零点的个数。

解：令 $f(x) = \ln x - ax + 1 = 0 (x > 0)$ ，则 $a = \dfrac{\ln x + 1}{x}$.

设 $g(x) = \dfrac{\ln x + 1}{x}$ ， $y = a$ ，则 $g'(x) = \dfrac{1 - (\ln x + 1)}{x^2} = -\dfrac{\ln x}{x^2}$.

当 $x \in (0, 1)$ 时， $g'(x) > 0$ ， $g(x)$ 单调递增；当 $x \in (1, +\infty)$ 时， $g'(x) < 0$ ， $g(x)$ 单调递减。所以当 $x = 1$ 时， $g(x)$ 有最大值 $g(1) = 1$.

由于 $g\left(\dfrac{1}{e}\right) = \dfrac{\ln \dfrac{1}{e} + 1}{\dfrac{1}{e}} = 0$ ，当 $x \in (0, 1)$ 时， $g(x)$ 单调递增，所以当 $x \in \left(0, \dfrac{1}{e}\right)$ 时， $g(x) < 0$ ，当 $x \in \left(\dfrac{1}{e}, 1\right)$ 时， $g(x) > 0$ ；当 $x \in (1, +\infty)$ 时， $g(x) > 0$.

作出函数 $g(x) = \dfrac{\ln x + 1}{x}(x > 0)$ 及 $y = a$ 的图象（如图5），观察两个函数图象的交点，不难发现：当 $a \leqslant 0$ 或 $a = 1$ 时，函数 $y = g(x)$ 与 $y = a$ 的图象有且只有一个交点，所以函数 $f(x)$ 有一个零点；当 $0 < a < 1$ 时，函数 $y = g(x)$ 与 $y = a$ 的图象有两个交点，所以函数 $f(x)$ 有两个零点；当 $a > 1$ 时，

函数 $y = g(x)$ 与 $y = a$ 的图象无交点，所以函数 $f(x)$ 无零点。

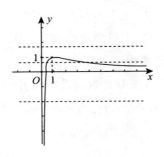

图 5

点评：运用导数研究方程的根或函数的零点问题，就是利用数形结合思想，通过函数的性质找到方程的根或函数零点的各种情况所满足的关系式。在本题中函数的零点问题最终归结为函数 $g(x) = \dfrac{\ln x + 1}{x}(x > 0)$ 的图象与直线 $y = a$ 的交点问题，而这个问题的解决要通过作函数 $g(x) = \dfrac{\ln x + 1}{x}(x > 0)$ 的图象来完成。

五、转化意识

转化与化归是在研究和解决有关数学问题时采用某种手段将问题通过变换使之转化，进而解决问题的一种方法。一般是将复杂的问题转化为简单的问题、将难解的问题转化为容易求解的问题、将陌生的问题转化为熟悉的问题、将未解决的问题转化为已解决的问题、将比较抽象的问题转化直观的问题。在利用导数研究函数问题时，常将函数的单调性、极值（或最值）、切线和零点等问题，转化为导函数 $f'(x)$ 构成的方程、不等式问题的求解。

【案例5】设函数 $f(x) = e^{mx} + x^2 - mx$.

（1）证明：$f(x)$ 在 $(-\infty, 0)$ 上单调递减，在 $(0, +\infty)$ 上单调递增；

（2）若对于任意 $x_1, x_2 \in [-1, 1]$，都有 $|f(x_1) - f(x_2)| \leqslant e - 1$，求 m 取值范围。

解：（1）$f'(x) = m(e^{mx} - 1) + 2x$.

若 $m \geqslant 0$，则当 $x \in (-\infty, 0)$ 时，$e^{mx} - 1 \leqslant 0, f'(x) < 0$；

当 $x \in (0, +\infty)$ 时，$e^{mx} - 1 \geqslant 0, f'(x) > 0$.

若 $m < 0$，则当 $x \in (-\infty, 0)$ 时，$e^{mx} - 1 > 0$，$f'(x) < 0$；

当 $x \in (0, +\infty)$ 时，$e^{mx} - 1 < 0$，$f'(x) > 0$.

所以，$f(x)$ 在 $(-\infty, 0)$ 上单调递减，在 $(0, +\infty)$ 上单调递增。

（2）由（1）知，对任意的 m，$f(x)$ 在 $[-1, 0]$ 上单调递减，在 $[0, 1]$ 上单调递增，故 $f(x)$ 在 $x = 0$ 处取得最小值 $f(0) = 1$，所以对于任意 x_1，$x_2 \in [-1, 1]$，$|f(x_1) - f(x_2)| \leqslant e - 1$ 的充要条件是

$$\begin{cases} f(1) - f(0) \leqslant e - 1, \\ f(-1) - f(0) \leqslant e - 1. \end{cases} \quad 即 \quad \begin{cases} e^m - m \leqslant e - 1, ① \\ e^{-m} + m \leqslant e - 1. ② \end{cases}$$

设函数 $g(t) = e^t - t - e + 1$，则 $g'(t) = e^t - 1$.

当 $t < 0$ 时，$g'(t) < 0$；当 $t > 0$ 时，$g'(t) > 0$.

故 $g(t)$ 在 $(-\infty, 0)$ 上单调递减，在 $(0, +\infty)$ 上单调递增。

又 $g(1) = 0$，$g(-1) = e^{-1} + 2 - e < 0$，故当 $t \in [-1, 1]$ 时，$g(t) \leqslant 0$.

当 $m \in [-1, 1]$ 时，$g(m) \leqslant 0$，$g(-m) \leqslant 0$，即①②式成立；当 $m > 1$ 时，由 $g(t)$ 的单调性，$g(m) > 0$，即 $e^m - m > e - 1$；当 $m < -1$ 时，$g(-m) > 0$，即 $e^{-m} + m > e - 1$.

综上所述，m 的取值范围是 $[-1, 1]$.

点评：解决数学试题的实质是将陌生的问题转化为熟悉的问题。求解题（2）时进行了两次转化：第一次是把对于任意 x_1，$x_2 \in [-1, 1]$ 都有 $|f(x_1) - f(x_2)| \leqslant e - 1$ 成立转化为①②式成立；第二次是构造函数 $g(t) = e^t - t - e + 1$，将①②式成立转化为不等式 $g(t) \leqslant 0$ 恒成立。通过两次转化，使问题迎刃而解。

六、分类意识

分类讨论即"化零为整，各个击破，再积零为整"的思维策略。对问题实行分类与整合，分类标准等于增加一个已知条件，实现了有效增设，将大问题（或综合性问题）分解为小问题（或基础性问题），优化解题思路，降低问题难度。在利用导数解决函数试题时，某些含有参数的问题，由于参数的取值不同导致所得的结果不同，由于对不同的参数值要用不同的求解或证明方法，就需要用分类讨论来解决问题。

【案例6】已知函数 $f(x) = -\dfrac{1}{2}ax^2 + x - \ln(1 + x)$，其中 $a > 0$.

若 $f(x)$ 在 $[0, +\infty)$ 上的最大值是 0，求 a 的取值范围。

解：$f'(x) = -ax + 1 - \dfrac{1}{x+1} = -\dfrac{ax\left[x - \left(\dfrac{1}{a} - 1\right)\right]}{x+1}(x \geq 0)$.

令 $f'(x) = 0$，则方程 $f'(x) = 0$ 的根 $x_1 = 0$，$x_2 = \dfrac{1}{a} - 1$.

若 $0 < a < 1$，则当 $x \in \left(0, \dfrac{1}{a} - 1\right)$ 时，$f'(x) > 0$，函数 $f(x)$ 单调递增；

当 $x \in \left(\dfrac{1}{a} - 1, +\infty\right)$ 时，$f'(x) < 0$，函数 $f(x)$ 单调递减。

所以当 $x = \dfrac{1}{a} - 1$ 时，函数 $f(x)$ 有最大值，而 $f(x)$ 在 $[0, +\infty)$ 上的最大值是 $f(0) = 0$，故当 $0 < a < 1$ 时，不合题意。

若 $a = 1$，则当 $x \in [0, +\infty)$ 时，$f'(x) \leq 0$，函数 $f(x)$ 单调递减，所以当 $x = 0$ 时，函数 $f(x)$ 有最大值 0.

若 $a > 1$，则当 $x \in [0, +\infty)$ 时，$f'(x) \leq 0$，函数 $f(x)$ 单调递减，所以当 $x = 0$ 时，函数 $f(x)$ 有最大值 0.

综上所述，a 的取值范围是 $[1, +\infty)$.

点评：本题是由参数的变化引起的分类讨论问题。由于方程 $f'(x) = 0$ 的两个根的大小关系不能确定，求解时要根据 $f'(x) > 0$ 或 $f'(x) < 0$ 解集的意义，针对参数 a 的不同取值，分 $0 < a < 1$，$a = 1$ 和 $a > 1$ 三种情形进行讨论，从而求出参数的取值范围。

在日常教学中，教师要注重从解题思路的探寻上下功夫，弄清解法的根源所在，这样学生才能做到"悟其必然，品其真味"，进而提高他们分析问题、解决问题的能力。

顽强拼搏　成就梦想

任何人想要取得好成绩，考入理想大学，就得奋力拼搏、刻苦钻研、勤于思考。在学习中磨炼意志、陶冶情操、提升心灵境界、丰盈生活内涵，这样的人生才有价值。

一、树立信心，坚定信念

许多学生看过《西游记》，唐僧论降妖除魔的能力远在孙悟空之下，甚至不会降妖，但他是"西天取经"团队的领导者，孙悟空是团队的"职员"，这是为什么呢？很重要的一个原因是唐僧坚持他人不能坚持的信仰，克服他人不能克服的困难，最终完成目标。学习不需要经历"八十一难"，也无须"七十二变"，只要我们有坚定的信念，树立必胜的信心，就能成就个人的梦想。

当然，天上不会掉馅饼，前提是你要付出，你不在高三强迫自己一次，你就不会知道自己有多优秀。自信是需要底气的，我们的底气就是勇气、拼搏、坚持、进取、勤奋。阿基米德说过："给我一个支点，我就能撬起整个地球。"这自信而豪迈的语言，不是故弄玄虚，而是源于他的分析和判断。

二、勇于拼搏，无悔青春

有位高三学生问："高三的价值是什么？"我回答了两个字："拼搏"。

1. 高三的魅力在于奋斗的过程

有记者问衡水中学一位高三毕业生："高三生活是什么感受？"他说，"'地狱'般的生活，但我收获了人生的财富，从此再也没有战胜不了的困难。"

有这样一个故事：

有一天，池沼向从自己身边奔流而过的河流问："你整天奔腾不息，一定累得要命吧！……像我这样安逸的生活，你找得到吗？我是一个幸福的闲人，舒舒服服、悠悠闲闲地荡漾在柔和的泥岸之间……一点烦恼我也沾不上。"

河流回答："水只有流动才能保持新鲜……我的源源不绝的水，又多又清，年复一年地给人们带来了幸福，为我赢得了光荣的名誉，或许我要世世代代地奔腾不息。那时候，你的名字就不会有人知道了。"

多年以后，河流的话果然应验，壮丽的河仍旧奔腾不息，池沼却一年浅似一年，池沼表面覆着一层黏液，芦苇生出来了，而且长得很快，池沼终于干涸了。

"宝剑锋从磨砺出，梅花香自苦寒来"，成功无止境，奋斗无绝期。高三的奋斗应当像河流，在流淌的过程中不断汲取营养，丰富自己、充实自己。

2. 时间花在哪里，成绩就在哪里

时间对每一个人来说都是公平的，在高三每天比别人多花半小时看一篇文章、做两道题、记忆一些英语单词，都是你在向梦想走近。其实，每走一步，都是下一步的连接；每一天的努力，都是第二天的起点；每一次的进步，都是下一步进步的起点。如此踏实地前行，我们就能到达更远的地方，实现更大的目标。

一味地等待观望，不知道珍惜时间，你终将一无所成。一寸光阴一寸金，一分耕耘一分收获，有时候付出可能得不到回报，但不付出永远没有收获。不要期望不劳而获，当一个人真正学会运用时间、把握时间，懂得付出和努力，你就会一步步走向成功。

3. 每天前进一小步，就会走得很远

世界上有两种人，一种人认定了目标就埋头苦干、执着到底；另一种人则半途而废，很难把最初的目标坚持到最后。一味贪多、急功近利，结果适得其反。

在一座深山古刹中有一位大师，人们都千里迢迢来寻他指点迷津。

当人们到达深山的时候，发现大师正从山谷里挑水，他挑得不多，两只木桶的水都没有装满。

人们不解地问：大师，这是什么道理？

大师说："挑水之道不在于挑得多，而在于挑得够用；一味贪多反而适得其反。"

桶装得满满的，挑起来很吃力，摇摇晃晃，没走几步，就会跌倒在地，水全洒了，不是挑得更少吗？欲速则不达，要学会从最基础、最细微的事做起，积少成多，才能实现自己的理想。

学习也一样，从现在开始，努力完成每天的学习任务，搞清楚自己不懂的问题，不断修正错误。每天进步一点点，日积月累，一定会取得好成绩。

4. 不怕挑战，怕的是不能面对挑战

举重比赛中，多次看到一个运动员第一次举分量轻的那个杠铃，却没有举起来。第二次还是没有举起来，最后一次机会来了，杠铃的重量增加了七八千克，他豁出去了，硬是稳稳地举起来了，这是背水一战的原理、置之死地而后生的原理。高考也是背水一战，我们要像这名运动员一样面对高考给我们的挑战。珍惜时光，激发自己的最大潜力，挑战自我，决胜高三。

三、刻苦钻研，立学于勤

《三字经》上有句话："勤有功，戏无益。戒之哉，宜勉力。"这句话的意思是勤奋努力的人一定会取得成功，而天天玩乐、懒惰的人是没有益处的。

鲁迅说："哪里有天才？我是把别人喝咖啡的工夫都用在工作上的。"

"荣誉的桂冠是用荆棘编织而成的。"在高三的学习中，只要我们付出努力、汗水、坚持、热心、耐心和精心，在刻苦勤奋的奋斗过程中踏踏实实地走好眼前的每一步，就能收获属于自己的成绩。

四、锤炼意志，砥砺品质

行仁为达到之本。人的品德与品质乃为人之根本、成功之保证，成功 = 品质 + 智力 + 付出。

1. 养成良好的行为习惯

仪容整洁，不留长发，不迟到、不旷课、不早退，不去网吧，不带手机，自习课不吵嚷，教室保持安静、整洁，积极参加有益的活动。

2. 勇于承担责任

责任就是对自己负责、对亲人负责、对社会负责。行大道才能利己、利天下。这里说的对自己负责、对亲人负责就是我们的责任——学习。努力终有收获，逃避注定失败。一些学习基础薄弱的学生不能自暴自弃，要加油再加油，坚持再坚持，勤奋再勤奋，相信自己的付出一定会有回报。

3. 树立正确的人生观和价值观

不要用显微镜看世界，看到的总是腐败、不合理、不公平；要用放大镜看生活，健康向上、积极进取。坚信正能量永远是社会的主旋律。

4. 学会包容，待人友善

缺少友善和包容，很难与人和睦相处，对老师和同学要有包容之心。某位老师批评过你，你不喜欢他，可能会把自己不满的情绪带到课堂，上课时你讲你的，我做我的，这样的学习是没有效果的，最终的结果可能两败俱伤。这个世界一定有你不喜欢的人，也有不喜欢你的人，不要在喜欢与不喜欢中区分好人与坏人、区分好老师与差老师。无论是贴心的温暖，还是刺骨的寒冷，不过是想让你的人生变得更加丰厚和完整。

五、注重细节，落实环节

能力的形成不是靠做几套模拟试题就能获得的，是一个长期积累的过程。细节决定成败，我们要善待每一天，珍惜每一节课，一步一个脚印，永不懈怠地走下去。

1. 上好每一节课

上高三复习课要带着问题、有目标地去听课。上课前资料中的习题要试做，力争独立完成，不会做的试题要认真听老师讲解，回顾当初自己是怎样想的？老师是如何分析的？什么地方"卡壳"了？"我"和老师思维的差异在何处？解决这类问题的方法是什么？记好课堂笔记，一些典型试题、错题要有笔记记载。

2. 重视学习环节

"树高千尺离不开根"。扎实的学习过程是取得高分的保证，离开了过程和环节，我们的复习就像无源之水、无本之木，注定没有好的效果。

（1）无论复习哪一门课，都要认真阅读课本。课本中的知识点要记牢、记准确，不要等做题用到时再查公式、定理和原理。

（2）按时完成当天的作业，不要滞后，更不能照抄答案。

时是否认真聆听、积极参与。

四、锤炼品质，健全人格，走向卓越

高考是每一位学生十年磨一剑的成果检验，也是学生改变人生命运的重要转折点，更是每一位家长对孩子走向成功的殷切期望。高考不是唯一的出路，但它是最公平的出路。考不上大学，你的优势在哪里？敬畏高考，感谢高考，在高考复习中锤炼品质、塑造气质，你今后一定会感谢现在奋斗的自己。

1. 保持乐观向上的健康心理

高考压力大是相对而言的。在人生的道路上处处有压力、处处有坎坷，我们不能因高考压力大而灰心丧气，甚至破罐子破摔，更不能因一两次考试失利而一蹶不振。强者是含着眼泪依然奔跑的人。有时候要背上比自己预想的更沉重的包袱，当你真正努力过，你会发现自己还是很优秀的。

2. 树立高考必胜的信念

信念是一种境界、一种追求、一种力量、一种激励。这个世界上最强大的力量就是精神的力量，它是人前行的动力，支撑着人们战胜困难的决心和勇气。如果一个人精神垮了，那这个人就彻底垮了，要相信自己一定会赢得高考。

3. 持之以恒的学习动力

在学习的过程中难免会碰到这样那样的挫折与失败，但是我们一定要冷静思考，正确、全面、客观地认清自己，坚守方向，抛弃顾虑，坚持不懈，变压力为动力。冰心曾说："成功的花，人们只惊羡她现时的明艳！然而当初它的芽儿，浸透了奋斗的泪泉，洒遍了牺牲的血雨。"高三的价值在于拼搏、魅力在于奋斗。奋斗是实现人生自我价值的途径，唯有奋斗才能开创属于自己的美好人生。

4. "三省吾身"的学习精神

孔子的弟子曾参曾说："吾日三省吾身"。意思是说一个人要每天多次反省自己，我们的学习亦是如此，每天都要问自己"我学了些什么""我听懂了没有""我理解了没有""我记下了没有""我还有没有问题或疑问"。在学习时要多一些思考，少一些照抄；多一些刻苦，少一些贪玩；多一些主动，少一些被动。

5. 培养健全的人格和优秀的品质

有句话是这样说的：播种行为，收获习惯；播种习惯，收获性格；播种性格，收获命运。可见，良好的行为习惯，健全的人格，优秀的品质对一个人是十分重要的。考取名校一定是人品和能力的大爆发，高考除了是智力的比拼外，还有人格、修养的比拼。如果看待问题固执、偏激等，就决定了你的成绩很难再上一个台阶；如果你诚信、阳光、自信、朴实、干练、能吃苦、不挑三拣四，你学习成绩的上升空间就很大。因此，要使自己优秀，需具备强烈的成就动机、超前的学习意识、过硬的心理素质、开朗阳光的心态、顽强的毅力和韧性、良好的身体素质。

青春是一张白纸，让我们以勤奋为笔，绘出色彩斑斓的理想之梦；青春是一叶扁舟，让我们以坚持为桨，划向水天一色的理想之境；青春是一座高峰，让我们以自律为梯，攀向直插云霄的理想之巅；青春是一只雄鹰，让我们以效率为翼，扬青春风采，扶摇直上，叩响理想之门。

育人篇

　　育栋梁，苦口婆心如慈母；授知识，千丝万缕似春蚕。

　　唤醒生命不易，启迪心智更难。事虽难，认真则易；路虽远，坚持能达。

　　读书，可以让我们有高贵优雅的气质；读书，可以让我们有黄金如玉的信仰。用阅读来内视己身，用阅读来塑我风骨，用阅读来育桃李三千吧。

　　人生大写，为国为民。做一朵惊艳的花，只在书香里盛开，只在书香里绽放……

高贵莫过于教养

一个人通过后天努力，勤奋钻研可以获得文化知识。特别是专业知识，只要坚持阅读、认真学习、虚心请教，往往能够达到较高的造诣。教养是后天培养的素质，一点一滴积累的，源于自身感悟和环境影响，是人格魅力的彰显。

在文化与教养之间，你会选择有文化者，还是选择有教养者呢？我会选择有教养之人，因为有教养的人做人低调、踏实稳重、不会心浮气躁；在众声喧哗、浮躁狂热时会理性思考；面对弱势群体会慈悲怜悯、尽力帮助；在观点相左时会尊重谅解、求同存异；在大难临头时会相扶而行、勇担责任。

什么是教养？教养的标准、本质是什么？下面讲一个故事，可以从故事寻求答案。

有一篇文章里面这样写道：一个妈妈带着一个一岁半的婴儿上飞机，她怕孩子吵闹，会打扰到周边的客人，这个妈妈给旅客每人发了一份小礼物，并附了一张卡片；卡片内容是这样写的："你好！我是来自宁波的一个小女孩，刚刚一岁半。这不是我第一次出门旅行了，可是独自带着我的妈妈还是担心我的哭闹会打扰到您，毕竟飞机气压变化会让我感到很烦躁。在公共场合打扰别人可不是好孩子，我会尽力保持安静的。这里有耳塞和小糖果，希望能减轻你的困扰。祝您旅途愉快哟！"

机舱的人都被这个妈妈小小的举动感动了，温暖的机舱，旅行中小宝宝也似乎特别懂事，不哭、不闹，感受着这个世界爱意的传递。

苏联教育家苏霍姆林斯基说："在人类心灵的花园中，最质朴、最美丽和最平凡的花朵是人的教养。"教养是一个人文化品德的修养，是一个人从小就习得的一种规矩，是待人、接物、处事的一种敬重态度；一个人是否拥有教养，就看他懂不懂顾忌别人的感受，懂不懂将心比心，会不会让与之交往的人感到亲切、舒适和满足。

格里美尔斯豪森言道："没有教养、没有学识、没有实践的人的心灵好比一块田地，这块田地即使天生肥沃，但倘若不经耕耘和播种，也是结不出果实来的。"穷养富养，最贵不过教养。那些骨子里深藏教养的人，他们的背后是自律，他们以温柔对待世界，不会让人觉着尴尬困窘。在冒犯了他人之后，懂得及时反省自身以及调整自己的行为。做人有分寸，做事有底线。

在最好的时光偷懒注定会失败

你的懒惰正在毁灭你。学生的职责是学习，倦怠学习意味着你离成功渐行渐远，慢慢地失去竞争的资本和生存的价值。机会不是等来的，守株待兔只会坐失良机，积极行动才能把握成功的契机。不要把最好的时光和精力白白浪费掉，而且不良习惯一旦养成，你就会一事无成。努力与收获是成正比的，成功总是通过辛勤付出来获得，即使天生愚钝，只要不懈怠、不偷懒，日积月累，平凡的我们就会打开成功的大门。你不努力，没有人替你成长，在波折不断的路上，只有靠自己的能力和勤奋才能踏过眼前的荆棘，收获光明的未来。

读书是你一飞冲天的机会。读书不是唯一的出路，但当你没有其他选择时，它一定是一条相对稳妥的路，是改变境遇的重要途径。央视某著名主持人说："寒门学子不读书，不高考，你以后的生存竞争力在哪里？人脉还是财富？"

央视曾经播放过一部名为《翻山涉水上学路》的纪录片，这部纪录片反映了一些落后国家或地区的孩子们跋山涉水去上学的真实境况。父母们心怀不舍的相送，孩子们艰辛倔强的跋涉，都只是为了去读书，去收获真知。孩子们总说："我真的很喜欢读书，不怕吃这些苦。"

永远不要在该读书的年纪贪图安逸，也不要在该拼搏的时候得过且过。你不努力，总有一天要付出更多的辛苦；你不努力，总有一天要付出更大的代价。人一生中所有的馈赠，都在暗中得到回馈，你想得到多少，就得付出多少。

读书和不读书，是两种人生态度。你读过的书就是你人生最后的筹码，助你站在更高的起点。别抱怨读书苦、别说读书累，总有一天你会明白那是你看世界的眼和曾经蓄下的光。

人生犹如银行，你读的书、你在学习阶段取得的成绩，是你存入银行的"本金"，随着时间的推移，你会获得更丰厚的"利息"，受益终生。现在能用汗水解决的问题，不要留着以后用泪水解决，况且泪水也解决不了任何问题。

坚持成就梦想

一、坚持是一种永不放弃、自强不息的精神

一个人的成功并不是他比谁更高明，而是他比别人多坚持了一会儿，"坚持别人不能坚持的坚持，才能拥有别人不能拥有的"。无论你是谁，只要你握住了坚持这把钥匙，成功的曙光就会毫不吝啬地照向你；一旦放弃了，就算是近在咫尺的胜利女神也会悄然消失。

美国的教育家海伦·凯勒（Helen Keller，1880 年 6 月—1968 年 6 月）出生于亚拉巴马州北部一个叫塔斯喀姆比亚的城镇，她在一岁半的时候失去了视力和听力。

不久，她又丧失了语言表达能力。就在这黑暗而又寂寞的世界里，她并没有放弃，而是自强不息，凭着永不言弃的信念和坚持不懈的努力，并在她的导师安妮·莎利文的帮助下，用顽强的毅力克服生理缺陷所造成的精神痛苦，最终成为一个学识渊博，掌握英、法、德、拉丁、希腊五种文字的著名作家和教育家。

有了坚持不一定成功，但没有坚持，就一定不会成功。人的一生就是一条孤独而漫长的路，如果少了坚持，我们又去哪里寻找成功呢？只有这种坚持的精神才能笑到最后一刻。

二、坚持是一种持之以恒、高度自律的品质

在和一位年轻老师交谈时，他曾问我："什么是素养？"我沉思良久，不知所云。最后说，最欣赏梁晓声的四句话："根植于内心的修养；无须提醒的自觉；以约束为前提的自由；为别人着想的善良。"这里的自觉、约束就是自律。

明代大学士徐溥自幼天资聪颖、读书刻苦。他在私塾读书时，从来都不苟言笑。一次老师发现他口袋总是鼓鼓的，以为是小孩子的玩物，便指责他贪玩，等取出来才发现，原来是他自己手抄的"圣贤要语录"，由此老师对他十分赞赏。徐溥还效仿古人，不断地检讨自己的言行：他在书桌上放了两个瓶子，分别贮藏黑豆和黄豆。每当心中产生一个善念，或是说出一句善言、做了一件善事，便往瓶子中投一粒黄豆；相反，若是言行有什么过失，便投一粒黑豆。开始时，黑豆多，黄豆少，他就不断地深刻反省并激励自己。渐渐黄豆和黑豆数量持平，他就再接再厉，更加严格地要求自己，久而久之，瓶中黄豆越积越多，相比较之下黑豆渐渐显得微不足道。凭着这种持久的约束和激励，他不断地修炼自我，完善自己的品德，后来终于成为德高望重的一代名臣。

徐溥对自己行为的高标准约束显示了他强烈的自律意识，即使在个人独处时，也能严于律己，谨慎对待自己的一言一行。其实，学习何尝不是如此。只要一个人在无人监督的时候仍然能够刻苦钻研，丝毫不放松自我监督的力度，谨慎自觉地按照道德准则去规范自己的言行，一如既往地保持学习的自觉性，我们的思想就会变得睿智，人生就会更加充实。

海伦·凯勒的不放弃、徐溥用攒黑豆的方法激励自己，看似简单，但能持之以恒，实属不易。生活有光、有影、有晴、有雨，如果你拥有博弈的勇气和坚持的毅力，就算再苦再累，也能独自一步步走过去。可见，优秀的品质、健全的人格都是良好行为习惯的自律和坚持的结果。

不吃读书的苦，终究会吃生活的苦

当下有些学生抱怨学习苦的时候，很多家庭却越来越重视对教育的投资，大部分学生也从心底里认识到读书的价值。因为他们发现虽然买菜用不到数学，出门用不到地理，吵架用不到语文……但是当工程师、当科学家、搞金融、搞计算机却用得到。总而言之，许许多多的高薪职位是需要数学的，语文、英语、物理……也是如此。现实一点，可能你买菜用不到数学，但是学好数学有可能决定你在哪里买菜。

路遥说："每个人都有一个觉醒期，但觉醒的早晚决定个人的命运。"觉醒期不是等来的，也不是盼来的，是需要优秀品质做保证的。

一、培养自律的品质

成功需要用自律去浇灌。很多时候，不是成功才自律，而是你自律了，才会变得成功。一个人越自律，越会合理安排时间，就会越来越成功。

王阳明是中国历史上一位伟大的思想家，他功勋卓著，学名昭昭。王阳明的一生命运多舛，屡试未中，及第之后入朝为官，在任兵部主事时，因反对刘瑾等宦官乱政被贬为龙场的驿丞，后来受朝廷重用，平乱建功，官至南京兵部尚书。他被贬到龙场后，没有逃避，更没有自暴自弃，而是自我修养和自我慎独，思考儒佛道思想，展示了道德自律和人格挺立。正是这种高度的自治自律使其一如既往地潜心研究，怀着快乐的心去领悟生命，实践思想，终于悟到"圣人之道，吾性自足"。龙场悟道，开启了王阳明学术思想的新天地，为他今后成为一代心学大师奠定了基础。

学习靠的是主动和自律，只有把学习变成自己的事，真正走进学习里，才会感受到学习的奥秘，享受学习的乐趣，也就不会把学习当成一种负担和累赘。

二、养成坚持的习惯

有一本书叫作《异类》，里面介绍了"一万小时定律"。什么叫"一万小时定律"呢？人们眼中的天才卓越非凡，并非他们天资过人，而是付出了比常人更多的努力，1万小时的锤炼是任何人从平凡走向成功的必要条件。

不管你做什么事情，只要坚持1万小时，基本上都可以成为该领域的专家。按比例计算，每天有效学习时间10小时左右，一年365天，假设去掉3周休息，每年的有效时间也有3440小时，3年累计是10320小时。

每天坚持学习10小时，3年才能投入1万小时，这并不是每个人都可以做到的事，需要的是坚持。这里的1万小时是指有效投入时间，如果你在上课期间不认真听讲、开小差，就不能算有效投入。当你接受了"一万小时定律"后，你会发现要想学习成绩好是一件很容易的事，那就是坚持多投入时间。

学生的天赋只有很小的差距，但是这种很小的差距为什么造成了巨大的差异呢？道理很简单，你在睡懒觉、打游戏、逛街、玩手机、挥霍光阴的时候，一些学生却在专心做题、查缺补漏、纠错改错、自学预习、阅读经典。

三、相信天道酬勤

作家吴晓波说："每一件与众不同的绝世好东西，都以无与伦比的勤奋为前提。要么是汗，要么是血，要么是大把大把的好时光。"

不管你置身何处，只要你勤奋努力，就能站在比别人更高的起点。晚清名臣曾国藩形成了一套自己的读书方法："一句不通，不看下句；今日不通，明日再读；今年不精，明年再读。"正是靠着这份勤奋、坚持和毅力，他终于成了晚清四大名臣之一。

有一句话叫："勤能补拙。"其实，一个人是否能成事，很大程度上要看他下了多大功夫、付出了多少努力。当你为人勤奋，也许看似笨拙不得巧，但也能笨鸟先飞。

"宝剑锋从磨砺出，梅花香自苦寒来。"只有从小努力读书，养成吃苦耐劳的好习惯，才能在人生的竞技场上获得更多地出场机会。

有段话说得好："你背不下来的书，总有人能背下来；你做不出的题，总有人能做出来。"是的，你愿意拖到明天的事，总有人今天努力做完；你吃不了的苦，总有人能吃。今天吃过的苦、熬过的夜、做过的题、背过的单词都是你今后的财富。

别抱怨读书苦，你今天蓄的力便是你明天发的光。吃够了学习的苦，生活就有可能对你网开一面。叫嚷"读书不重要"的人是把无知当无畏，也是普通人人生路上最大的阻碍。

感悟篇

　　匆匆华年，转眼风云。人生有多少锦绣，回首就有多少知足。

　　洗尽铅华，唯桃李满目一杯酒；阅尽人生，只三两清风与明月。

　　独守己心，淡定从容，总有一份宁静与美好；不屈己身，自由洒脱，就有一份自信与沉着！

　　浅浅喜，静静爱；深深懂得，淡淡释怀。这一生有过波澜壮阔的风景，也有过幸福宁静的烟火。唯愿桃李长春，人间处处馨香。

　　生活如歌！

减轻肩上行囊才会走得更远

负重会压弯脊梁，如果直不起腰，怎么会走得远呢？减重、减负、轻装的行走自然会轻松。有劲、有力才会走得更远。

王阳明说："可欲者是我的物，不可放失，不可欲者非是我物，不可留藏。"可欲、可求为我物者，要抓住机会，去争取、去努力，不要因错失而悔恨；不可欲、不可求非我物者，尽全力去争，逆势而行之，无论获与失，皆为镣铐。

丰子恺说："不是世界选择了你，是你选择了这个世界。"既然没能如愿，不如释然。海纳百川，有容乃大。看淡得失，心胸宽广，格局就会变大。只有大格局、品德高尚的人才会走得远、登得高。

读到"亦余心之所向善兮，虽九死其犹未悔"就想起屈原；谈到"鞠躬尽瘁，死而后已"之精神就想到诸葛亮；看到岳阳楼就想到范仲淹的"先天下之忧而忧，后天下之乐而乐"；讲爱国就想起岳飞"三十功名尘与土，八千里路云和月"；谈到骨气就想到鲁迅"寄意寒星荃不察，我以我血荐轩辕"。他们终其一生不计得失、淡泊名利，做自己认为有价值、有意义的事。

做有意义的事，让别人去说，这便是做事的最好心态。兰生幽谷，不为无人佩带而不芬芳；月挂中天，不因暂满还缺而不自圆；桃李灼灼，不因秋节将至而不开花；江水奔腾，不以一去不返而拒东流。沉浮动静皆人生，体悟每种境遇，不以物喜，不以己悲，得失沉浮皆是人生所获。

小野在《改变力》中写道："请不要自我设限，真正好的人生态度是现在就做，不等、不靠、不懒惰。"最后的赢家，不是一开始跑得快的人，而是那些坚持跑下来而且跑得更远的人。

原　则

原则是指说话或行事所依据的法则或标准。人们常说："讲原则"，那么讲原则是讲什么呢？

讲原则就是讲正气。《文子·符言》："君子行正气，小人行邪气。内便于性，外合于义，循理而动，不系于物者，正气也。"利己主义者时时刻刻想到的是自己，为己谋利，原则成为度量别人的标尺，在他面前不复存在。对己讲自由，讲照顾；对别人讲马列，讲原则。

正气滋养原则，一身正气，两袖清风。正气存，则铮铮如铁；正气失，则原则尽失。没有了原则，做事无底线，做人无分寸。

讲原则就是讲秩序。自然界之所以神奇，是因为它有秩序。比如，生活中的大圆、小圆看似杂乱无章，但它的周长与直径之比等于圆周率"π"，这就是圆遵循的秩序。有位数学家做过这样一个实验：一张白纸画满等距离的平行线，把长度是平行线距离一半的针随机投入纸上，用针的次数除以与平行线相交的针的个数，当投掷次数越来越多，这个比值近似等于圆周率"π"。很有趣、很深奥吧！事物就是以这样的秩序在自然界中存在的。

秩序无处不在。马路上行驶的机动车一定会遵循一定的秩序，红绿灯就是这个秩序的原则。没有这个原则，车就会乱闯乱跑，从而伤及无辜；教育也有其原则，如果没有原则，不但对教师不公平，还会影响一代学生。

讲原则就是讲真理。古人云："水至清则无鱼，人至察则无徒。"无徒者，是因为你讲真理、讲是非、讲曲直、讲真假、讲善恶，你的要求影响了他人的生活。有一句说得好：真理往往掌握在少数人手中。为什么是少数？因为他们敢于坚持、勇于斗争、不计私利、出于公心，你的行为为绝大多数人维护公平。正因为这样的人不多，所以掌握真理的人就是少数了。

讲原则就是讲良知。干活多得酬劳是本分，不得者为奉献。不干事财富谁创造？躺平、不干活、索酬、未得、牢骚满腹，觉得其他人都亏欠于他；得之欢喜，良心可安？

钱锺书说："守住自己的精神园地，过一丝一毫没有奴颜和媚骨的生活。"讲原则、讲正气、讲规矩、讲良知、讲情怀，堂堂正正做人，本本分分做事。"青丝化作白发，依旧铁马冰河。"

平凡的生活最精彩

平凡，如山间小草，淡雅素洁；平凡，如清澈山泉，潺潺流淌。

在这个世上，人与七情六欲、柴米油盐是脱不开的，这并不是"俗"，而是"真"。这个"真"就是平凡的生活，也是做一件事就有一件事的样子。种菜，就能看到满园的豆角、茄子、丝瓜和辣椒；养鸡养鸭，就能看到鸡鸭成群结队、活蹦乱跳、鸡飞鸭叫喧嚣的热闹；做饭，就能让家人闻到满屋的菜香、感受到食物的美味；养育孩子，就要让孩子精神抖擞地长大，并自然地融入社会，绝不给别人带来麻烦；教书，就要热爱学生，一心为学生着想，让不同的学生得到相应的发展，培育他们成为对社会有用之人；医病，就要救死扶伤，有医者之心。在平凡的生活中认真做一件平凡的事，一样可以获得成功，活出精彩。

小草、野菊、树木、泥土、石块铸就了大山的伟岸。山泉、瀑布、小溪、河流汇成了海洋的浩瀚。平凡而认真活着的人要深怀敬意，因为他们中的人很少有人脉、财富、平台、权力、资源，仅仅是抓住拥有的种子，从生活的泥地里钻出，通过劳动踏实地付出，心安理得地品尝到生命的果实，平凡而有尊严活着。他们托起这个社会的基石，尽管默默无闻，但不能否认他们的价值。

《一代宗师》里有句台词："人活一世，有的活成了面子，有的活成了里子，而只有里子，才能赢得真正的面子。"有的人获得了权力和名利，却没有获得幸福的生活，自然成了面子。有的人生活平淡却很幸福，自然便是里子。轰轰烈烈是人生的惊喜，平凡和不完美才是人生的常态啊！

　　冬去春来，四季交替，轮转乾坤，万物变化也是在简单翻新。生活，无论是平凡还是伟大、普通还是绚烂，无须太多迷茫、太多惆怅、太多悲伤，只要不苟且，活得简单就好。

　　宠辱不惊，闲看庭前花开花落；去留无意，漫随天外云卷云舒。淡然、宁静、安定，最好的心致；质朴、简单、平凡，最真的生活！

高三的苦乐年华

公元 2020 年 12 月 5 日，阴。雪还未完全融化，远方的山裹着银装，沉默寂静。路面有的地方还结着冰块，寒风凛冽，行人稀少，环境安静了许多。

今天是星期六，上完第四节课，回到家中，再未出门。多年的高三教学形成了一种习惯：周六做四件事：上课、买菜、睡觉、做试卷。

本周考试试卷有点难，做了近两个小时，有种预感：学生可能没有做对几道题。能得 120 分就能够称得上学霸，得 130 分就是一个顶级学霸了。

做完试卷问自己：做高三教师快乐吗？做不完的试题、批阅不完的试卷，苦思冥想解题之法，有时为解一道题思考几天，没有双休日和节假日，谁会说快乐呢？

教育是苦中寻乐，不是苦中作乐。教育的快乐在于对教育有情怀、有责任，看到教过的学生还惦记着你，一个个考取理想大学，成为服务于社会的有用之人，就觉得自己吃再多的苦也值了。

"高三学生快乐吗？"问 100 个学生，99 个学生会说："不快乐。"披星戴月，没有娱乐，三点一线，做题再做题，考练复考练，单调、乏味、枯燥、寂寞、孤独。甚至有些问题不论花费多大功夫总弄不明白，常做常错，不是不会就是不对，这就是 99% 高三学生的生活。当然还有 1% 的学霸，他会因发现一道试题奇妙之解法而惊喜；因考试成绩名列前茅而自豪；离梦想只有一步之遥，这就是学霸的快乐。学霸值得关注，普通学生更需要关心、包容、理解、指导、安慰。面对本周考练试卷，他们比教师更苦恼、更心累，这时你的鼓励、教导方显珍贵，变得更有价值。

努力终有收获，但拼搏不一定能达成梦想，"王侯将相，宁有种乎"必定是小概率事件。为师者，相信学习有天赋，但因材施教才是正道。为学者，一切努力都不驰于空想，不骛于虚声，脚踏实地，常思进取。不要在该奋斗的时候选择"游戏"人生，无愧高三，无憾高三！

累是一种状态，乐是一种心境。融化寂寞，化成"人间有味是清欢"；揉碎挫折，化成"人生如逆旅，我亦是行人"。

"黄金分割"是一个有趣的现象

数学有一美叫"黄金分割":它是指把一条线段分割为两部分,较长部分长度与全长之比是一个无理数,取其前三位数字的近似值是 0.618。按此比例设计的造型十分美丽,因此被称为"黄金分割"比例。

在达·芬奇的作品《维特鲁威人》《蒙娜丽莎》,还有《最后的晚餐》中都运用了黄金分割;古希腊的著名雕像《断臂维纳斯》及《太阳神阿波罗》都通过故意延长双腿,使之与身高的比值为 0.618;建筑师们对数字 0.618 特别偏爱,无论是古埃及的金字塔,还是巴黎的圣母院,或者是近世纪的法国埃菲尔铁塔,希腊雅典的巴特农神庙,都有黄金分割的痕迹。

"黄金分割"比例是一个有趣的数。什么是做事有分寸?"黄金分割"比例就是最好的诠释。与人交流,七分听,三分说;对待建议,七分点头,三分摇头;对待下属,七分宽容,三分严厉;对待同事,七分善良,三分锋芒;对待朋友,七分亲密,三分距离;看待他人,七分赞许,三分指正;看待成功,七分努力,三分运气。

煮一杯茶,看一本书。听一阵风,看一场雪。淡看荣辱,笑对人生。追求自己心底最真感受:淡然、宁静、安定。

教育无处不在

我吃饭标准不高，但很挑剔：不吃辣，要吃就吃不辣的辣子；不吃凉，只吃热菜；不吃油大的食物，只吃清淡食物；肉吃得少，菜吃得多，但要新鲜。

出门在外，达到这样的饮食要求很困难吧！因此一旦出差，对我来说吃饭就是一个问题。然而现实常和你开玩笑，这次"国培计划"培训要求学员凭饭卡在盐城师范学院学生食堂就餐。

报到后的第二天早上，我无可奈何，忐忑不安地走进餐厅，一下子惊呆了：干净、整洁、温馨、优雅、艺术——哪像一个大学的食堂？我要了一个花卷、一个芹菜馅的包子，一个鸡蛋、一碗黑米粥、一杯豆浆、一个紫薯，价格5.50元。我问："算对没有？"服务员看了看我，又算了一遍，然后说："没问题。"

12月22日是冬至，风俗是吃饺子。由于我不大喜欢吃饺子，中午就餐时仅要了一中盘饺子价格10元。荠菜馅，皮薄、菜鲜、味纯，一个字——香。晚饭点了一份米饭和小锅鱼头豆腐汤，价格10元。肉嫩、汤鲜、豆浓；香菜、香葱各尽其味，色香诱人。

盐城师范学院的学生吃饭讲规矩、守规矩。一是排队：不管三四人还是几十人都会自觉排队。二是不喧哗：二人、三人、四人，或更多人一起吃饭，说话声音很小，没有大声说话的。三是"光盘"：盘子里很少有剩饭，一般是吃多少打多少。四是"归位"：用完餐后，盘、碗、筷、勺各归其位。五是整洁：饭桌干净，地上无垃圾。

盐城师范学院是一所培养教师的院校，许多学生毕业后注定要从事教师行业，其行为是对教育最准确的诠释。放眼当下，有几所院校能做到？又有多少高中学校能做到呢？

我常想：教育是什么？

曾子曰："大学之道，在明明德，在亲民，在止于至善。"

鲁迅说："教育是要立人。"

蔡元培说："教育是帮助被教育的人，教给他们能发展自己的能力，完成他的人格。"

陶行知说；"教育就是培养习惯。"

李镇西说："教育，离开对心灵的触动，就不可能有成效！""教育，更多的时候是一种情感的滋润与人格的感染。"

一句话，做人的教育就是最好教育。教育是帮助学生成为阳光、善良、有思想、有良好行为习惯的人；教育是给予学生对知识的热情，自我成长的信心，珍视生命，积极乐观的生活态度。

气度，别样的人格

纵观国内名校的校史，为国立西南联合大学之精神而震撼。今读来，感天动地，肃然起敬。抗日战争时期，不少教师淡泊明志、踏实做事、潜心学问，呕心沥血为国家、民族培养出大批光耀历史星空的杰出人物。最触动我的不仅是这些大师的博学厚德，更让人敬重的是他们身上所焕发的正气、锐气、风度和担当，敬重他们做人、做事、育人的非凡气度。

一、正气者，高尚灵魂之底色

正气是教师应当具有的最基本气质。一个有正气的教师能仰不愧于天，俯不怍于人，坚定自己的教育信仰，培养出有正气的学生，培养出豪迈的中国人。某种程度上一身正气决定了教师在职业生涯中所能达到的高度，秉承"为天地立心，为生民立命，为往圣继绝学，为万世开太平"的圣人之训（宋理学家张载语）。让自己的灵魂充满正气，教育担负起学生的幸福明天，退休之时无愧于天地。

二、锐气者，勇往直前之气势

教育是艰辛的育人事业，教师有了锐气就会激情澎湃、穿越荆棘、踏平坎坷，从平庸迈向卓越，从平凡跨入伟大。只有具备满腔的锐气，才能与时俱进、求变求新。

三、风度者，优雅美好之举止

风度是一个人内在实力的自然流露，也是一种魅力。外露于人的言谈举止、神情姿态等，主要取决于人的气质、礼仪、口才、形象等。曾问一个学生："你为什么觉得他是你最满意的老师？"学生的回答道："因为她最有风度、有个性，最让我喜欢。"

风度是学生非常看重的特质。教师的风度外露于仪表、言谈举止、音容笑貌、兴趣爱好，甚至一颦一笑，学生都会观察得细致入微，甚至会进行模仿。因此，作为教师，应该关注自身的形象风度，把自己的形象调整到学生欣赏的水平上，对他们施以美的熏陶，从而产生积极的影响。

四、担当者，勇于承担之责任

担当是一种人生态度，是一种人生修养，更是人生的一种大智慧。荀子说："良农不为水旱不耕，良贾不为折阅不市，士君子不为贫穷怠乎道"，教师之责任就是让学生的明天更美好，对文化的至诚和对人类文明的传承很重要。

五、骨气者，民族进步之脊梁

心之皎皎，至刚至正。真正之知识分子不降志、不辱身、知坚守、重名节。风起之时，站不稳，风复刮，四散倒下，如此之人，敢独立思考、挑战权威否？

居天下之广居，立天下之正位，行天下之大道。得志，与民由之；不得志，独行其道。富贵不能淫，贫贱不能移，威武不能屈，此之谓大丈夫。

电影《无问西东》里的一句话："这个时代缺的不是完美的人，缺的是从自己心底里给出的，真心、正义、无畏和同情。"负重前行，铮铮铁骨，博学厚德之士者，民族脊梁，国家未来也。

《周易》曰："天行健，君子以自强不息；地势坤，君子以厚德载物"，这就是古人的气度。古代君子之气度，小到修身、齐家，大到治国、平天下，后世之人不可不鉴之。气度外显于形，内敛于魂，是人的气度、风度、气韵，它是决定一个人成败的重要因素，提高一个人的气度是提高一个人的素质修养的必经之路。

素养，人格的魅力

素养者，坦然面对人生之坎坷，自信扬于脸上。顺境，不骄不躁，不飞扬跋扈，低调内敛，严于律己；逆境，不气馁、不沉沦，不怨天、不怨地，昂头向前，永不退缩。

荣辱不惊，以平常之心坦然正视成功与失败，永不停歇地打磨自己、精进自己、修炼自己、充实自己。

素养者，根植于心底之善良，播撒仁爱之种子。世间之回报，源自善良之累积。好之运气，始于友善。以柔软之眼光看世界，长幼贵贱皆尊之。滴水之恩，当涌泉相报，微小之幸福亦珍爱，不嗤之以鼻。分寸待人，不尖酸刻薄、不矫情傲慢、不斤斤计较，择善而行。温柔而有锋芒，爱人而不伤己。

素养者，博学明辨，丰盈于大脑之智慧。智慧，人之精神长相，藏着你走过之路、读过之书和爱过之人。要强大，读书充盈自己、丰富身心。多读书者，洗尽铅华，灵动思维，碰撞思想之火光；多读书者，有不一样之心境，不一样之情调，不一样之观念，不一样之认知。

素养者，人之品质，融进血液之骨气。人生一世，迷茫有之，诱惑有之。无论何时，于迷雾中拨云见日，乱象中抽丝剥茧，不囿于眼前之长短，不忘怀自己之初心。不为一壶一食折腰，不一味索求，不过于依赖他人。人品无价，人格为最高学历。行之正，走之直，人誉之，事成之。

素养者，持之以恒，刻进骨里之坚强。面对打击，微笑人生，默默振作，非一蹶不振。失落之时，不沉溺痛苦、不悲观颓废，重新站立，拥抱生活。爱情不顺，不说再见。坚信自己值得骄傲，值得被爱。坚强一点，告别旧事物，迎接美好明天。不悦之时，非深夜买醉，糟蹋自己之体肤，不为不值得之人和事折磨自己。坚信前方风景优美，有更好之人在等待。

去探索、去追寻。记录每一个进步、幸福之小瞬间，寻找平凡生活之乐趣，从柴米油盐中找到绚丽之花。享受运动，保年轻心态，激情、热泪，不被岁月磨去棱角。

拿得起　放得下

低眉春已逝，抬头夏伊始。风暖昼长，绿遍校园，乃是人间好景致。进入儒园，静立，仰望先师孔子像，心潮澎湃，思绪万千。

师者，秉持教育情怀，有担当，尽职责。传道授业，发展自己，影响他人，感染学生。守正守心，做事守分寸，做人守底线。至天命之年，终于明白何为"人"字？"人"字者，第一笔写"撇"，第二笔写"捺"。"撇"蕴含着不断上升之趋势，是人生增函数；"捺"演绎下降之趋势，是人生减函数。一笔是前半生，另一笔是后半生。前半生写生根、发芽、开花、奋斗、拼搏；后半生写结果、收获、储存、放下、淡定。世上没有一步是多余的路，每走一步都有意义。所有的一鸣惊人，其实都是蓄谋已久。

蜂

[唐] 罗隐

不论平地与山尖，无限风光尽被占。

采得百花成蜜后，为谁辛苦为谁甜？

人的前半生犹如蜜蜂，无论是平地还是山峰，不论是"柳岸花明"还是"山穷水尽"，都会留下奋斗的足迹、拼搏的烙印。世上从来没有不累的人，不累，何来硕果累累？安逸，何言有滋有味？累，才能使以后的生活幸福；苦，才能赚取财富；奋斗，才能收获尊严；拼搏，才能赢得尊重。

人的前半生是上坡路，一次次地追求，一次次地跌倒又爬起来，一次次地错过又抓住，一次次地创伤又愈合，但从未放弃。正因为有累、苦、泪、汗、血的交融才活出了生活的精彩和本色。

杨绛说："我们曾如此渴望命运的波澜，到最后才发现：人生最曼妙的风景，竟是内心的淡定与从容。"风雨兼程，一路走来，内心的淡定和从容开启了我们生活的后半生。站在人生旅途的中点，仿佛往后的生活咫尺可量。正如林语堂说："人生幸福就是四件事：一是睡在自家的床上，二是吃父母做的饭菜，三是听爱人讲情话，四是跟孩子做游戏。"

曾国藩说："人生有可为之事，也有不可为之事。可为之事，当尽力为之，此谓尽性；不可为之事，当尽心从之，此谓知命。"人该拿起时不退缩，因为责任在肩；该放下时莫犹豫，因为减重才能走得更远！我们所有的痛苦都不是痛苦本身，而是面对人生的问题想不通、看不透、说不清、道不明。

选择放下，是一种气度，也是一种智慧，它需要勇气，如同利刃一般，斩断了自私狂妄的欲望，露出了淡定从容的真心。生活本没有输赢，但如果你有了胜负心，那你便是输家。古人云："宽一寸，福一分；忍一时，进一世。"拿得起放得下才是我们最好的人生。

好运不会从天而降

大千世界，绚丽多彩。人生道路，披荆斩棘。人们常说：运气不好——运气是什么呢？

运气者，厚积薄发。竹子用4年的时间，仅仅长3cm。从第五年开始，以每天30cm的速度疯狂地生长，用6个星期的时间，长到了15米。其实，在前面的4年，竹子将根在土壤里延伸了数百平方米。

做人做事亦是如此。不要担心你此时此刻的付出得不到回报，因为这些付出都是为了扎根，都是为了以后有好运。人生需要储备，有多少人没能熬过那"3厘米"。

运气者，刀刀雕刻。两根竹子，一支做成了笛子，一支做成了晾衣架。晾衣架不服气地问笛子：我们都是同一片山上的竹子，凭什么我天天日晒雨淋，不值一文。而你却价值千金呢？笛子回答说：因为你只挨了两三刀，而我却经历了千刀万剐，精雕细刻。晾衣架此时沉默了。

人生亦如此，经打磨、耐寂寞、扛责任、挑重担，好运使然。

运气者，勤奋付出。看到别人的成功不要嫉妒，因为他付出的比你多。国学大师钱穆说："古往今来有大成就者，诀窍无他，都是能人肯下笨劲。"胡适也说："这个世界聪明人太多，肯下笨功夫的人太少，所以成功者只是少数人。"

说起钱锺书的满腹经纶，人们往往归功于他的天分高，记忆力强。其实，钱锺书学问博大精深，更多来自后天手不释卷的苦功。钱锺书大学同窗许振德这样描述：在校时，钱锺书一周读中文经典，一周阅读欧美名著，交互行之，四年如一日。每赴图书馆借书还书，必怀抱五六巨册，且奔且驰，且阅毕一册，必作札记……代表他学术成就的《管锥编》，引述4000多位名家的上万本著作中的数万条书证，汪洋恣肆，博大精深。

有些人可能不知道，他进入清华后，目标是"横扫清华图书馆"。他的治学心得是："越是聪明人，越要懂得下笨功夫。"

运气者，淬火成钢。"心心在一艺，其艺必工；心心在一职，其职必举。"无论你身处哪个领域，从事什么职业，只要执着于追求、黾勉苦辛、朝乾夕惕，不气馁、不放弃，用心去做每一件事情，那么，你就能超越自己，实现梦想，成就辉煌。否则，如果蜻蜓点水、浅尝辄止，抑或见异思迁、半途而废，将碌碌无为、一事无成。

成长并非一蹴而就，千锤百炼终成正果。科比四点进球馆训练成"小飞侠"、雷阿伦日投三分球超过1500次方成"三分王"、詹姆斯苦练十九载，被称为"詹皇"。哪有什么好运气、哪有人生开挂，有的是厚积薄发、砥砺拼搏。

后　记

　　隆冬将尽，春风浩浩。柳芽泛出新绿，海棠含苞待放。值此虎年花季，受学校委托，经过"泾川一中王渭宁名师工作室"全体同人的共同努力，拙作《笔耕录》终于结集出版。

　　回首来路，感慨良多。

　　三十多年笔耕舌耘让我深深懂得：教育教学是"唤醒"生命的过程，需要激情和睿智；教育教学是雕琢灵魂的过程，需要仁爱和情怀；这个过程需要善良、担当和责任，这个过程更需要实践、反思和创新。在这个个体劳动、群体结果的特殊过程中，需要同伴互助，形成专业共同体，进而有效地促进教师的专业发展。基于此，甘肃省教育厅组建"名师工作室"，正是便于构建学科专业共同体。"陇原名师王渭宁高中数学工作室"自 2015 年 11 月成立以来，"以学为本，聚焦课堂"，关注教学实践中的问题，说课评课、互相切磋、反复打磨，解决了很多困惑，也发现了许多问题，随手记录、及时梳理、连缀成篇，取名《笔耕录》。

　　《笔耕录》分为理论篇、教学篇、高考篇、育人篇和感悟篇共五篇内容。有近几年个人在国家、省级期刊发表的文章，也有在市、县教研活动专题讲座的文稿、课堂教学观摩评课的发言，有自己多年的教学实践反思、教学案例，也有自己课堂教学的实录、心得体会，林林总总共计收录 44 篇。内容繁杂，良莠不齐，一家之言，难免浅陋，就教方家，权作引玉之砖。

　　《笔耕录》结集出版，十分感谢学校领导的大力支持和热心助推；感谢李晓华校长于百忙之中认真审阅拙作清样，并为之作序。感谢数学组和名师工作室的老师为该书的编写提出的宝贵意见，感谢刘正奇、郭继红、石军红等老师对本书修订付出的辛勤劳动。

"路漫漫其修远兮，吾将上下而求索"，教育永远在路上，我愿和各位同人一道，重新出发。

王渭宁